T0017574

La estupidez estratégica

GIORGIO NARDONE

La estupidez estratégica

Cómo construir éxitos fallidos o evitar hacerlo

Traducción: Maria Pons Irazazábal

herder

Título original: La stupidità strategica. Come construire successi falli-
   mentari o evitare di farlo
Traducción: Maria Pons Irazazábal
Diseño de la cubierta: Gabriel Nunes

© 2021, *Garzanti S.r.l., Milano. Gruppo editoriale Mauri Spagnol*
© 2023, *Herder Editorial, S.L., Barcelona*

ISBN: 978-84-254-5039-6

Imprenta: Liberdúplex
Depósito legal: B-16.369-2023

Impreso en España – Printed in Spain

herder

Índice

Prólogo

«Nada en el mundo es más peligroso que la ignorancia sincera y la estupidez concienzuda». Con estas brillantes palabras, Martin Luther King (1959) resume lo que numerosas personalidades —científicos, literatos, filósofos, mánager y políticos— vienen diciendo desde hace milenios, esto es, que la estupidez, producto enteramente humano ya que no existe en la naturaleza, representa el mayor peligro para la propia humanidad, como forma de sentir, pensar y actuar, con resultados que tarde o temprano serán autodestructivos. No obstante, como el virus más malicioso, la estupidez se insinúa tanto en nuestra mente más primitiva —las emociones— como en la más desarrollada —la inteligencia y la conciencia— evolucionando, cambiando la forma y atacando los distintos ámbitos de nuestro conocimiento y actuación, así como nuestra propia gestión, la de los demás y la del mundo que nos rodea. Por eso es indispensable profundizar en su conocimiento, estudiar su funcionamiento y desvelar los sutiles recursos con que se replica, pero no con la intención de eliminarla del todo porque, como veremos, sería filosóficamente utópico, biológicamente contra natura y lógicamente inviable tener éxito en tal empeño, sino con el objetivo de aprender a convivir con ella de la manera más funcional y estratégica posible, como sucede con muchos virus que albergamos en nuestro organismo y que tienen una función en nuestras homeostasis biológicas. Y también porque parte de lo que se considera estupidez, como tendremos ocasión de ver, es para todos nosotros claramente funcional y útil. Nada es del todo malo, ni siquiera la estupidez, pero todo acaba siéndolo si se lleva al exceso. Como advierte Descartes (1637), «el error es no considerarse errados».

1. Precauciones de uso

Al hablar de estupidez, se corre el riesgo de contagiarse, al igual que sucede cuando se entra en contacto con un virus, de ahí que haya que tomar las debidas precauciones.

En primer lugar, hay que evitar utilizar este término como atributo lingüístico despectivo, es decir, utilizarlo como ofensa, juicio denigratorio y descalificación de una persona o de ideas y perspectivas que no coinciden con las propias. Por desgracia, este es el uso más frecuente de esta palabra que, según el sentido común, que raramente es expresión de sabiduría, se considera una etiqueta equivalente a «tonto», «imbécil», «incapaz», «deficiente» y términos despectivos similares considerados lo contrario a ser inteligentes, razonables y racionales. Pero como está ya ampliamente demostrado, entre quienes actúan o han actuado de manera estúpida encontramos famosos científicos, individuos intelectualmente superdotados, poseedores de una notable sabiduría, además de una gran cultura y experiencia. Esto demuestra que el virus de la estupidez es democrático y está bien distribuido, como afirma Carlo Maria Cipolla (2011), en todos los niveles de la capacidad humana. Cabría afirmar, por tanto, que el uso despreciativo de este término es atribuible a los propios estúpidos: su uso con ánimo de ofender manifiesta la incapacidad de argumentar las propias razones o la incapacidad de gestionar las propias emociones, de modo que al final no queda más opción que la agresión verbal, que representa la derrota de la inteligencia y el fracaso de la sabiduría. Sin embargo, hasta los mejores dan muestras de estupidez. Le ocurrió incluso a quien es considerado el fundador de la mayéutica, o sea, Sócrates. En cierta ocasión fue invitado por su concubino Alcibíades a participar en una exhibición pública de Protágoras, el gran sofista campeón de la heurística, esto es, el arte de vencer al interlocutor en un debate y conseguir incluso que acepte tesis distintas a las suyas. Sócrates no pudo resistirse a desafiar al orador, pero como no consiguió imponerse, lo agredió verbalmente. Puesto que al actuar así hizo patente su derrota, en un exceso de ira pasó a la agresión física, ignorando que se enfrentaba no solo a un maestro de la retórica, sino también a un hábil luchador. Acabó, pues, doblemente humillado. No obstante, si bien podemos perdonar a cualquiera un resbalón en la estupidez, lo que no podemos tolerar es su práctica sistemática y repetida, porque esto es lo que la hace peligrosa y destructiva.

Un segundo aspecto, casi siempre subestimado, del poco cuidado con que se trata la estupidez es el uso impreciso del término. Como ya se ha dicho, se utiliza habitualmente como sinónimo de toda una serie de palabras que indican una forma de deficiencia, en el sentido literal de falta de entendimiento, de racionalidad o de inteligencia, expresión por tanto de las características más bajas y primitivas del hombre no evolucionado. Se tiende a oponer la inteligencia a la estupidez, pero como demuestra David Robson (2020), se trata de un error porque su opuesto es la sabiduría, ya que no es raro ver cómo individuos inteligentes perseveran en acciones estúpidas. También hay versiones que atribuyen a la estupidez una connotación de más baja animalidad aún, desde el punto de vista intelectual, ya que se asocia a características sexuales, como en el término «gilipollez», el italiano *coglioneria* o el francés *connerie*. En el caso del francés, como observa Edgar Morin (2020), aparece incluso un valor cultural antifemenino, puesto que la raíz lingüística es *con-,* o sea, el órgano sexual femenino, lo que significa que lo que proviene como impulso de esa zona del cuerpo femenino sería, por definición, estúpido. Si tenemos en cuenta que del órgano genital femenino nace la vida humana, convendremos en cuán ignorante es esta postura. Deberíamos usar la palabra «estupidez» atendiendo a su etimología, en vez de asociarla de modo vulgar e impreciso a términos que tienen otro significado. El origen de la palabra «estupidez» es latino y hace referencia al asombro, esto es, al hecho de estar bloqueados, paralizados, atónitos ante lo que nos sorprende, nos maravilla, nos encanta, o ante lo que nos asusta, nos agita o nos paraliza. Como puede constatarse, el vocablo posee dos acepciones, una positiva y la otra amenazadora y espantosa. En ambos casos, si se trata de un efecto no momentáneo, sino persistente, la capacidad del sujeto de reaccionar a esta condición resulta debilitada. De ahí la definición que proporciona el *Oxford Language Dictionary:* 1) cerrazón irritante, en caso de estado persistente; 2) momento de sorprendente asombro y maravilla, cuando se trata de un hecho puntual. Podemos considerar «estúpido» al que se obstina en mantener su postura y se muestra incapaz de cambiar sus opiniones o de suavizarlas porque es prisionero del encanto de su persistente asombro. Pero también son «estúpidos» los momentos de maravilla, de estupefacta percepción, que han iluminado los destellos de ingenio de grandes inventores, alumbrado a sublimes poetas e inspirado el estado de gracia de grandes artistas, como también lo es el asombro del niño ante una sorpresa agradable. De modo que es posible afirmar que existe incluso una forma de «estupidez» que, si sabemos captarla, contribuye a mejorarnos.

Desde un punto de vista psicológico, cabe distinguir una estupidez de *rasgo,* la persistente, que se convierte en parte integrante del funcionamiento psicológico de la persona, y una estupidez de *estado,* representada por episodios de estupor que hechizan momentáneamente a la persona. La primera forma, la más conocida pese a ser malinterpretada la mayoría de las veces, es disfuncional en sus efectos e incluso destructiva; la segunda, por el contrario, es a menudo un componente esencial de momentos de intensa felicidad.

Otro elemento que hay que tener en cuenta para utilizar con cuidado la noción de «estupidez» es la constatación de que convertirse en censores del que es estúpido investigando su culpa y condenando sus delitos, si se hace con la habitual arrogancia y presunción de quien se atribuye tal papel, genera una de las máximas expresiones de la propia estupidez, como nos advierten las llamas de la Biblioteca universal de Alejandría, o la quema en la plaza de los libros que disentían de la ideología nazi, o la destrucción de la enorme biblioteca de Pekín por obra de Mao Zedong, que la sustituyó por su *Libro rojo.* Se trata de ejemplos extremos de un estilo que es común a toda clase de ideologías que censuran todo aquello que no coincide con sus preceptos.

Finalmente, hablar de estupidez refiriéndose siempre a los demás y nunca a uno mismo es típico de la persona que no quiere cuestionarse y muestra un mecanismo mental defensivo que es expresión de rigidez y, por tanto, de cerrazón. Bertrand Russell (1952), el maestro de la lógica moderna, declaraba que «los estúpidos siempre tienen certezas, mientras que los sabios dudan continuamente». Esto significa que toda ortodoxia rígida es una manifestación de estupidez, puesto que se cierra a otros posibles puntos de vista. Lo cual vale también para los sistemas de pensamiento rigurosos que se transforman en rígidas ortodoxias que hay que respetar para no ser tachados de «irracionales». Piénsese, por ejemplo, en la dogmática afirmación: «un científico no puede no ser ateo». Georg Lichtenberg (1981), a principios del siglo XIX, sostenía que «la ortodoxia de la razón atonta más que cualquier religión». El maestro Paul Watzlawick (1976) solía decir que la persona que cree estar en posesión de las ideas correctas y definitivas, es decir, de la verdad indiscutible, es muy peligrosa para la humanidad. La historia nos enseña que en nombre de «presuntas verdades» se han cometido «con fe» los peores crímenes. Desgraciadamente, como nos recuerda Benjamin Franklin (2020), «es experiencia conocida que los seres humanos no aprenden de la experiencia». Habría que desconfiar de todos aquellos que proponen «ideas absolutamente ciertas» o que exponen puntos de vista sin plantear ninguna duda, o teorías infalibles y omnicomprensivas que, en términos epistemológicos, como los define Karl Popper (1935), son «paradigmas no falsables» y «proposiciones autoinmunizantes».[1] Sobre la base de estas premisas,

---

1. Karl Popper ve la ciencia como un ajuste progresivo, cuyo motor es el *criterio de falsabilidad* (que define un nuevo criterio de cientificidad) en clara oposición al criterio neopositivista de

el objetivo de este ensayo es realizar un examen teórico y empírico de la estupidez, que evite caer en sus propias trampas insidiosas, abordando el tema con el respeto que merece y sabiendo que cualquier afirmación presuntuosa o pedante nos arrojaría a su aplastante abrazo. Para ello he rastreado todas las fuentes bibliográficas que he sido capaz de encontrar sobre el tema, dentro de los límites de mis capacidades de investigación; he reflexionado atentamente, también dentro de los límites de mis capacidades, sobre las contribuciones estudiadas; por último, he elaborado una serie de observaciones basadas en mi experiencia de

---

verificabilidad, según el cual solo son significativas, o sea, dicen algo, las afirmaciones que pueden ser verificadas inductivamente. Invirtiendo la evidencia aparente de que la teoría científica es portadora de certezas, Karl Popper demuestra que la característica propia de la cientificidad de una teoría consiste, por el contrario, en el «falibilismo». Cree que la ciencia solo puede aceptar las teorías susceptibles de falsación y que pueden ser aceptadas provisionalmente solo aquellas que han superado los intentos de refutación: «la irrefutabilidad de una teoría no es (como se cree a menudo) una virtud, sino un defecto. Todo control genuino de una teoría es un intento de falsarla, o de refutarla. La controlabilidad coincide con la falsabilidad» (Popper, 1986). El *criterio de falsabilidad* establece, por tanto, que una teoría, para ser controlable y por tanto científica, ha de ser «refutable»: en términos lógicos, de sus premisas básicas han de poder ser deducibles las condiciones de al menos un experimento que, si la teoría es errónea, pueda demostrar totalmente ese error ateniéndose a los hechos, según el procedimiento lógico del *modus tollens,* por el que si de A se deduce B y si B es falso, entonces también es falso A. Por tanto, una ciencia que evite topar con el error, inmunizándose a sí misma contra las críticas para ser aparentemente siempre verdadera, no es una ciencia. Ejemplos de pseudociencias son el marxismo y el psicoanálisis (Popper, 1963).

clínico e investigador y en mis viajes de trabajo por los cinco continentes que, a lo largo de 35 años de actividad, me han ofrecido la oportunidad de enfrentarme a muchas idiosincrasias culturales distintas.

Las páginas que siguen son una síntesis de todo esto y no tienen la pretensión de ser un tratado definitivo sobre el tema ni una exposición exhaustiva, sino una propuesta metodológica estratégica, cuyo objetivo es desarrollar en el lector interesado una competencia que le permita evitar la persistente e irritante cerrazón, aunque no, desde luego, los deslices ocasionales en la estupidez a los que todos estamos inevitablemente expuestos. Un objetivo igual de importante es hacer que el lector descubra la maravilla de abandonarse a la sorpresa y al asombro al mirar las cosas desde perspectivas no habituales, que es lo que tienen en común la ingenuidad del niño y la chispa mental del genio.

2. La estupidez estratégica

El gran filósofo Ludwig Wittgenstein acaba su obra fundamental, el *Tractatus logico-philosophicus* (1921), con una importante afirmación: «De todo lo que no se puede hablar es mejor callar». Esta afirmación, que podría entenderse como una verdad evidente, en realidad advierte sobre las conductas más usuales inducidas por la estupidez, o sea, pretender hablar de cualquier cosa como «expertos» y acabar, de modo inevitable, no solo demostrando lo contrario, sino resultando extraordinariamente antipáticos. Solo se puede hablar de aquello en lo que se es de verdad competente, es decir, del ámbito del saber en el que se puede competir con los mejores. ¿Qué es lo que me hace a mí competente para tratar el tema de este libro? El hecho de haberme ocupado durante decenios de *Psicotrampas* (2013) y de *Psicosoluciones* (1998), esto es, de cómo las personas son capaces de crearse problemas, malestar y trastornos psicológicos invalidantes y, al mismo tiempo, de idear y aplicar soluciones muy atractivas y casi mágicas. Si se observa el fenómeno de la estupidez humana desde esta perspectiva estratégica, se parte del análisis de la disfuncionalidad concreta o funcionalidad de sus efectos, estudiando empíricamente sus dinámicas y sus distintas modalidades de expresión guiados por el criterio de la eficacia de la actuación humana en relación con los objetivos prefijados; como afirma Umberto Galimberti (2011), desde un punto de vista puramente estratégico, «la verdad corresponde a la eficacia». Por consiguiente, puedo hablar sobre los aspectos de la estupidez en los que soy competente, es decir, en sus aspectos estratégicos o antiestratégicos, lo que podríamos llamar, con un neologismo ambivalente, la *estupidez estratégica*. Esta se sitúa en el extremo opuesto de lo que John von Neumann y O. Morgenstern llamaban en su *Theory of Games and Economic Behavior* (1944) «actuación estratégica», es decir, planificar lo que desde el principio de un juego conduce a su victoria: la estrategia global compuesta por una secuencia de tácticas formadas a su vez por una serie de técnicas, que se articulan en una sucesión de maniobras individuales adaptadas al juego del adversario.

Como bien afirma Cipolla (2011) en su ensayo sobre las leyes de la estupidez, «una persona estúpida es una persona que causa un daño a otra persona o grupo de personas sin obtener, al mismo tiempo, un provecho para sí, o incluso obteniendo un perjuicio». Al analizar la cuestión desde una perspectiva de lógica económica, es evidente que en la estupidez se observa una eficacia paradójica precisa, o sea, la obtención tarde o temprano de resultados en cualquier caso fallidos, pese a que la intención sería exactamente la contraria. No hay, de hecho, un propósito autodestructivo consciente, sino, por el contrario, la voluntad de obtener beneficio y ventaja de las propias acciones, estando obtusamente vinculados a los propios puntos de vista o anquilosados en las propias emociones defensivas/agresivas fuera de control, o atrincherados en ambas dinámicas psicológicas que se refuerzan mutuamente, por lo que los efectos solo pueden ser desastrosos. La inadecuación estratégica que se produce está basada en la incapacidad de prever los efectos de la propia actuación más allá de los inmediatos, es decir, volviendo a von Neumann y Mogenstern, en la incapacidad de adaptar la estrategia al juego, a las características del adversario y a los propios recursos y límites. La atención está centrada en el beneficio inmediato, cosa que hace perder de vista los efectos posteriores, como ya ilustraba Leonardo da Vinci (1977): «el albañil inexperto toma la tierra cavando debajo del muro y este le cae encima». A lo cual hay que añadir una poderosa inclinación egocéntrica que no permite ni la cooperación constructiva con el otro ni el sentimiento de empatía con los estados de ánimo de los demás. A esto se refiere Robert Musil (1937) cuando habla de «estupidez sostenida» o «inteligente», caracterizada por el hecho de que estas personas proyectan planes inadecuados y desproporcionados porque hay en ellos una «armonía insuficiente entre los caprichos del sentimiento y un intelecto incapaz de contenerlos».

El gran escritor distingue entre esta forma de «estupidez sostenida» y la «estupidez honesta», que considera una especie de «país de los juguetes de la lógica». La lógica estratégica (Nardone y Watzlawick, 1990; Watzlawick y Nardone, 1997; Nardone, 1998, 2003, 2009; Nardone y Milanese, 2018) está basada en el método de crear soluciones en función de las características de los objetivos que hay que alcanzar y de los problemas que hay que resolver; el modelo de aplicación ha de prever, además, la capacidad de autocorrección ante *feedbacks* no deseados. En la estupidez estratégica se observa, por el contrario, la tendencia a querer adaptar las cosas a los puntos de vista propios, una incapacidad de adaptación y flexibilidad, la falta de voluntad para corregir los planes, que se defienden con arrogancia, incluso cuando fracasan, como pruebas de determinación y resiliencia, que acaban convirtiéndose en testarudez autodestructiva. Esto ocurre también en el caso en que esta acción esté basada en rigurosos razonamientos racionales guiados por rígidas teorías que pretenden describir la naturaleza de las cosas y su gestión: en otras palabras, la estupidez como exceso de la razón. Kant (1788), el más importante filósofo de la razón, sostenía que esta última, «cuando se extiende más allá de la experiencia, se transforma inevitablemente en ilusión». Para evitar todo esto, por supuesto no hay que renunciar a la razón, sino hacerla crítica y consciente de sus límites.

El tema del exceso representa, junto con el hecho de atrincherarse en los puntos de vista propios, un rasgo esencial de la estupidez estratégica, porque cualquier cosa o situación que se lleva al exceso se convierte en disfuncional. Una sustancia benéfica intoxica si se abusa de ella, igual que una medicina se convierte en veneno si se toma una sobredosis. Pero si en biología esto está claro para la mayoría, no parece ocurrir lo mismo en las dinámicas psicológicas, un ámbito en el que los efectos del exceso quizá sean más devastadores, pues impiden al individuo ver todo lo demás, como precisamente ocurre incluso con la razón cuando se lleva al extremo. No es casualidad que los siete sabios de la tradición helénica consideraran la máxima «de nada demasiado» como la regla de oro.

Como es evidente, la estupidez estratégica está relacionada con el funcionamiento evolucionado de nuestra mente: es un fenómeno existencial y psicológico, subjetivo pero con efectos relacionales y sociales, que no puede ser limitado, por tanto, al ámbito de las prestaciones intelectivas y, como tal, ha de ser estudiado y tratado. Esto es precisamente lo que intentaré hacer en las páginas que siguen, excusándome de antemano por si alguna vez caigo en alguna estupidez.

3. Los rasgos esenciales: cinco razonamientos sobre la estupidez estratégica

Tras haber aclarado cuáles son los límites de este tratado y haber definido los problemas de los que nos ocuparemos, considero fundamental analizar con más detalle el fenómeno de la estupidez estratégica. Para lograr ese objetivo voy a recurrir al método utilizado por ilustres pensadores como Montaigne y Pascal y por representantes de la ciencia moderna como Galileo, Charles Darwin, Claude Bernard, William James y Gregory Bateson, por citar solo algunos, que presentaron sus ideas proponiendo razonamientos teóricos fruto de observaciones empíricas, esto es, demostraciones basadas en los hechos. A decir verdad, este fue también el criterio metodológico seguido por los sabios presocráticos, como Demócrito, Anaximandro y Heráclito, que extraían sus ideas de la observación de los fenómenos naturales y humanos; Demócrito fue, entre otras cosas, quien inició el estudio riguroso de la estupidez que veía en la conducta codiciosa de los habitantes de Abdera, su isla natal, situada en el Egeo e importante centro comercial de la época. Habló de ello con Hipócrates (1991), a quien, paradójicamente, el Consejo de la ciudad había encargado que cuidara de Demócrito, al que tomaban por loco por haberse retirado a una cabaña en el monte, donde se dedicaba a descuartizar animales y se reía de cualquiera que le pidiese que regresara a su palacio de la ciudad. El sabio se alegró de acoger al gran médico y lo invitó a discutir sobre por qué el pueblo se había emborrachado de riqueza, estaba siempre ocupado en el comercio, incapaz de mantener relaciones sociales, desconfiado, arrogante, constantemente insatisfecho y, por tanto, infeliz. Demócrito, que fue uno de los primeros en practicar la disección de animales, no solo buscaba explicaciones en la observación de los comportamientos humanos, sino también en las vísceras de los animales. De modo que Hipócrates dedujo que no estaba frente a un loco, sino ante un sabio que se había retirado —entre otras cosas, en un lugar de bucólica belleza, junto a un torrente de aguas claras, entre flores y plantas perfumadas— porque creía que sus conciudadanos eran estúpidos y buscaba posibles curas para ellos. Este enfoque dista mucho de los experimentos de laboratorio o de los sofisticados cálculos estadísticos que hoy imperan en el mundo de la ciencia. Ya analicé detalladamente (Nardone, 2017) los límites y los nefastos efectos de la rigidez de la investigación científica moderna respecto de estos dos parámetros reduccionistas y cuantitativos, como, por ejemplo, la ilusión de poder controlar incluso las pasiones y emociones humanas mediante algoritmos cada vez más sofisticados, o el estudio del funcionamiento de nuestra mente a partir del funcionamiento de los ordenadores. De ahí que opte por una observación naturalista-ecológica del fenómeno de la estupidez estratégica, modalidad que, parafraseando un famoso título de Gregory Bateson (1972), se inspira en el paradigma de una ecología de la mente del hombre en su expresión funcional y disfuncional.

Primer razonamiento. El estúpido estratégico no nace, se hace

Demostración

La incapacidad de tener una visión estratégica, de saber aplicarla y mantenerla el tiempo necesario para alcanzar el objetivo se debe a que lo impiden una torpeza rígida, trastornos emocionales-afectivos o sentimientos adversos y opuestos.

Nuestro carácter se va formando con el tiempo, por lo general a través de experiencias, aprendizaje y adquisiciones. Hoy sabemos que todo esto forja nuestra plasticidad cerebral y hace que se produzcan auténticas especializaciones neuronales que determinan nuestras respuestas automatizadas a estímulos específicos, externos o internos al organismo; unas respuestas que tienden a cristalizar en esquemas de percepción y reacción (LeDoux, 2002; Koch, 2012; Pallanti *et al.,* 2017; Nardone y Milanese, 2018). Cuanto más rígidos se tornan estos esquemas, más resistencia al cambio y cerrazón del sistema se produce. En otras palabras: los mecanismos que en el plano funcional nos permiten responder con eficacia a estímulos reconocidos, haciéndonos más eficientes y rápidos en nuestras reacciones, si se vuelven inflexibles, no permiten adaptaciones y se convierten en disfuncionales (Nardone, 2013).

La especialización neuronal no es un don natural, sino una construcción que va progresando desde la infancia hasta la adolescencia y la edad adulta. Así lo afirman la psicología y la neurociencia, pero no tanto el sentido común, en virtud del cual demasiado a menudo se cree que la estupidez es algo congénito, una tara biológica, esto es, una condena de la naturaleza; sin embargo, se distingue de todas las formas de deficiencia mental, como la idiotez o la imbecilidad, porque además no es innata, sino que se define evolutivamente, primero como fenómeno inducido por la educación recibida y luego como construcción, hasta convertirse, en palabras de Martin Luther King, en «estupidez consciente».

La historia nos enseña que siempre ha existido estupidez estratégica en los hijos de la nobleza corrompidos por un exceso de bienestar y vida viciosa, en palabras de Séneca (1974), «ocupados en no hacer nada». En los últimos decenios la opulenta sociedad occidental, consagrada al bienestar entendido como supresión del dolor y reducción de la dificultad, está produciendo el mismo efecto a gran escala. Si dejáis que un niño crezca suprimiendo cualquier obstáculo que podría crearle frustración; si lo protegéis de todo posible peligro; si intervenís de modo protector cuando se equivoca; si atendéis a todas sus rabietas dispuestos a satisfacer hasta el capricho más absurdo; si hacéis que siempre se sienta el centro de vuestras atenciones, habréis creado las premisas para el desarrollo de la estupidez estratégica. Si además este modelo educativo se mantiene en toda la niñez y en la primera adolescencia, la obra maestra está garantizada: tendremos un joven intolerante a la frustración, egocéntrico y muy poco inclinado a sentir empatía hacia los demás, pretencioso por derecho de atenciones y privilegios, incapaz de soportar dificultades y sufrimiento, pero con una arrogante sobrestimación de sus capacidades.

El abad Condillac (1951) sostenía que «el hombre no es más que el fruto de su educación». Sabemos que esto es cierto en buena parte; sin embargo, el individuo tiene la posibilidad de cambiar si se empeña en modificar su actitud hacia sí mismo, los demás y el mundo que le rodea. Como afirma Aldous Huxley (1942), «la realidad no es lo que nos sucede, sino lo que hacemos con lo que nos ha sucedido». Ahora bien, por desgracia, quien posee las características antes descritas tiende a ser reacio a los cambios, sobre todo si estos requieren sangre, sudor y lágrimas. Por lo tanto, lo que se ha aprendido se repite conscientemente hasta convertirse a menudo en una «irritante cerrazón» ante todo lo que no comporte una importante ventaja o un provecho, en el sentido más amplio de la palabra, hasta el punto de ser poco atentos o sensibles a los estados de ánimo ajenos y poco dispuestos a realizar cualquier sacrificio en beneficio de los demás, aunque se trate de familiares o de relaciones íntimas.

Hay que recordar a este respecto la experiencia de John Watson, el fundador del conductismo en psicología, que para demostrar sus teorías «condicionó» a su hijo a desarrollar un trastorno mental del que, desgraciadamente, no consiguió librarse nunca. El estudioso logró demostrar que era posible inducir una psicopatología a través de repetidas experiencias condicionadas, pero fracasó en su intento de demostrar que con el mismo procedimiento se podían cambiar de nuevo las cosas al curar el sufrimiento mental inducido al hijo. Dejo el juicio a criterio del lector, pero es necesario saber que la historia de la ciencia está llena de experimentos fanáticos con resultados nefastos. Y algunos de los creadores de estos experimentos son personalidades que han influido profundamente en la ciencia y en la cultura occidentales.

El ejemplo que acabo de mencionar confirma cuanto acabamos de sostener a propósito del poder de los experimentos naturales o inducidos en la constitución de nuestro carácter. Pero también abre un escenario distinto e importante, que representa otro contexto fundamental de la estupidez estratégica, esto es, el de personas de éxito que están tan enamoradas de sus teorías y prácticas que hacen de ellas una ortodoxia que a menudo se convierte en fanatismo, transformándose así en resistencia extrema al cambio, intolerancia a la crítica e inflexibilidad. Quienes trabajaron junto a Albert Einstein, auténtico icono de la ciencia moderna, cuentan que en los últimos decenios de su carrera estaba tan obsesionado con la idea de perfeccionar su teoría de la relatividad que proyectó una serie de investigaciones totalmente inútiles porque eran incorrectas desde el punto de vista metodológico. Incluso los genios pueden llegar a ser estúpidos desde un punto de vista estratégico si se atrincheran en aquello que los ha conducido al éxito. Por otra parte, son precisamente los éxitos merecidos, y más aún los inmerecidos, los que inducen a sobrestimar las propias capacidades y a subestimar los propios límites (Nardone, 2013). En este sentido, hay que pensar que la principal causa de muerte de las empresas en las tres últimas décadas reside en seguir insistiendo de manera obstinada en la estrategia que las llevó al éxito, con la ilusión de que, si funcionó bien en el pasado, ha de volver a hacerlo en el presente, sin tener en cuenta los cambios del mercado, de la tecnología y de las costumbres. De ahí que empeñarse en aplicar lo que funcionó en nuestro pasado represente la primera psicotrampa y también el primer objetivo de un cambio estratégico (Nardone, 2013; Nardone y Tani, 2018; Nardone y Milanese, 2018).

Estas consideraciones deberían hacernos reflexionar sobre el hecho de que nadie es inmune al virus de la estupidez estratégica, porque todos tendemos naturalmente a autoengañarnos en nuestra percepción de la realidad; como bien explica Jon Elster (1979), tendemos a querer hacer que las cosas sean como nos gustaría que fuesen. Se trata de un mecanismo que, como ya argumentaba sabiamente Nietzsche (1882), apenas nos inspira recelos, porque su función es tranquilizarnos y protegernos de nuestras angustias. Anna Freud (1936) lo define como un mecanismo de defensa. Se suele creer que es propio de personas que «se autoengañan», pero, una vez más, eso se afirma de una manera mordaz y despreciativa, sin tener en cuenta que todos podemos caer en esta trampa mental típicamente humana. Lo que marca la diferencia es si esta actitud es ocasional o si, por el contrario, es una constante. Como hemos señalado con anterioridad, hablamos de estupidez cuando nos encontramos ante un rasgo persistente en las actitudes y conductas que el individuo no solo tiene dificultades para evitar, sino que incluso las considera adecuadas, correctas y exitosas y que, por tanto, no hay que corregir, sino alimentar.

Para acabar este primer razonamiento podemos considerar que la estupidez estratégica es el resultado de dos vectores fundamentales:

a) haber sido criados como príncipes entre juguetes, sin tener que enfrentarse a adversidades, superar obstáculos ni compensar frustraciones, rodeados constantemente de afecto y protección.

b) haber crecido, por el contrario, en medio de adversidades, duros obstáculos y frustraciones amargas, y haber conseguido el éxito gracias a la tenacidad y a las capacidades personales, aunque permaneciendo indisolublemente ligados a las propias ideas y a sus aplicaciones, hasta el punto de convertirlas en una ortodoxia que hay que defender.

Son dos formas opuestas de evolución que derivan en incapacidades estratégicas diferentes, aunque con resultados que se asemejan, esto es, estrepitosos fracasos profesionales y relacionales de los que el estúpido estratégico culpará a los otros o a la mala suerte, indultándose constantemente a sí mismo y sin aprender nada de sus errores. Como sentencia Voltaire (1764), «no es el nacimiento sino la virtud lo que marca la diferencia».

Segundo razonamiento. El estratégicamente estúpido está tranquilamente libre de dudas

(O, si las tiene, las resuelve con rapidez diciéndose que son estupideces mentales a las que no hay que hacer caso porque hacen perder tiempo y energía y complican las cosas).

Demostración

La irritante cerrazón se manifiesta en su plenitud al rechazar cualquier cosa que pueda poner en tela de juicio el propio pensamiento y la actuación, con la arrogante convicción de creer que se está en lo cierto y de saber cómo son exactamente las cosas y cómo hay que gestionarlas. Las personas de este tipo raramente escuchan, y mucho menos aceptan, consejos, se irritan ante las críticas y rechazan *a priori* los puntos de vista distintos a los suyos. Por desgracia, su arrogancia se confunde a menudo con solidez, tenacidad y una personalidad fuerte. Muchas veces estos individuos son considerados carismáticos y tienen una enorme capacidad de influencia en las personas que buscan un guía. Muchos caudillos, dictadores y líderes que arrastran multitudes pertenecen a esta categoría de personas y, por desgracia, han acabado siendo responsables de auténticas catástrofes humanas. No hay que subestimar la fascinación que pueden ejercer estas personalidades, ya que es uno de los factores que las hace peligrosas a nivel social. Aunque también es lo que las hace reconocibles de inmediato: sus actitudes y conductas son siempre egocéntricas, cuando no histriónicas, y sus discursos son autorreferenciales; casi nunca manifiestan empatía sincera, sino que con frecuencia tienen conductas manipuladoras y fingen aceptar a los otros solo para transformarlos en adeptos o, mejor aún, en fans.

Cuanto más consiguen estos individuos convencer a los demás de sus propias virtudes, más creen en ellas; esto los empuja a exhibir constantemente sus convicciones, dotes y valores en una espiral hiperbólica que a veces puede acabar en el ridículo, aunque, por desgracia, no en todos los casos. Tenemos repetidas pruebas, en el pasado y en el presente, de cómo este tipo de personas pueden conseguir muchos seguidores y ser admiradas precisamente por lo que, tarde o temprano, se manifiesta en sus efectos desastrosos.

Como ya hemos observado, el estúpido estratégico es un maestro del autoengaño y por eso siempre logra que la realidad coincida con sus convicciones. Es lo que los psicólogos llaman proceso de «sesgo cognitivo» (Robson, 2020), o sea, un mecanismo mental que se desencadena cuando se activan «disonancias emocionales y cognitivas» (Festinger, 1957), que la mente resuelve ideando defensas contra aquello que le crea dificultades. El ejemplo clásico es el siguiente: debido a mis limitaciones económicas, me compro un coche utilitario, no el coche de mis sueños, y después empiezo a recopilar toda la información a favor de la elección obligada, como, por ejemplo, que es pequeño y permite encontrar fácilmente aparcamiento, que su mantenimiento es barato, que es de bajo consumo y que está de moda. Paralelamente, reúno toda la información en contra del coche deseado: que es voluminoso, demasiado caro, antiestético y exhibicionista, de uso y mantenimiento excesivamente costosos. En resumen, ¡sería idiota comprarlo! Todo esto para reducir la frustración de no poder permitirse satisfacer los deseos reales.

La mentira reiterada a uno mismo con finalidad defensiva se transforma en una fuerte convicción que hay que comunicar también a los demás: si consigo convencerlos, esto refuerza aún más mi autoengaño y se convierte en una verdad incontestable. Por desgracia, ser consciente de esto tampoco ayuda, porque la necesidad de evitar la frustración se desencadena a nivel emocional y condiciona las cogniciones modelándolas, como demuestran los estudios del psicólogo premio Nobel Daniel Kahneman, que aclara (2011) cómo los mecanismos emocionales, que tienen su sede en la parte más arcaica de nuestro cerebro, destinada a las funciones adaptativas de base, influyen en nuestras cogniciones y en nuestros comportamientos mucho más de lo que estos pueden influir en nuestras emociones. Las conclusiones a las que llegó el gran experto israelí han sido ampliamente validadas por la neurociencia moderna (LeDoux, 2002; Koch, 2012), que ha derrumbado uno de los pilares de la psicología cognitiva y de los enfoques psicodinámicos, a saber: la idea de que ser consciente de los propios mecanismos mentales disfuncionales es el remedio para liberarse de ellos y corregir su mal funcionamiento. Este proceso de toma de conciencia funciona como el agua sobre una superficie impermeable. Si se intenta convencer a un individuo obstinado en sus autoengaños defensivos con la intención de hacerlo consciente de esos mecanismos mentales, o bien el individuo los rechaza directamente como psicologismos, o bien se abre brevemente a esa hipótesis para encerrarse luego de inmediato en sus dinámicas mentales protectoras. Lo que en psicoterapia se llama «resistencia al cambio» (Watzlawick *et al.*, 1974) alcanza en estas personas su máxima expresión. Como nos enseña de nuevo Blaise Pascal (1670): «Tanto mayor es el daño del error en cuantos yerran siguiendo una verdad; su error no consiste en seguir una cosa falsa, sino en no seguir otra verdad».

Tercer razonamiento. La estupidez estratégica reduce el sufrimiento

Demostración

Como sabiamente escribe Emil Cioran (1934): «El que no ha sufrido a causa del conocimiento no ha conocido nada», igual que quien se protege de todo lo que puede perturbar su estabilidad evita sistemáticamente lo que puede hacer sufrir. En la estupidez estratégica se observan, en efecto, actitudes mentales y comportamientos de evitación constante ante lo que se percibe como adverso: huir, como señala Cioran, de aquello que nos perturba, una especie de analogía con «el avestruz que esconde la cabeza en la arena para no ver al león que va a devorarlo», o bien refugiarse en formas de «docta ignorancia», o sea, conocimientos que funcionan como templos protectores de las propias certezas, como en el caso, por desgracia muy frecuente hoy en día, de la superespecialización en la disciplina profesional propia acompañada de un desinterés total por todo lo demás. Son aquellos que Ortega y Gasset (1982) denominaba «ignorantes instruidos». Semejante actitud reduce sin duda los sufrimientos y los momentos de crisis personal; por tanto, podríamos considerarla una actitud mental beneficiosa y económicamente funcional, si no fuese porque tarde o temprano la vida suele pedir cuentas y nos coloca ante situaciones en las que justamente esta cerrazón protectora y selectiva es lo que más nos hace sufrir. No hay que olvidar nunca la sabiduría estratégica latina: «si quieres la paz, prepara la guerra». La incapacidad largamente cultivada de enfrentarse a lo que hace daño nos convierte primero en artífices y luego en víctimas inermes de los acontecimientos adversos y de las emboscadas del destino que, tarde o temprano, se presentan en la vida de cada uno de nosotros. El rechazo del sufrimiento la mayoría de las veces nos hace sufrir aún más. Las palabras de Cioran son de nuevo ilustrativas a este respecto: «El valor del que carece la mayoría es el de sufrir para hacer que cese el sufrimiento». Una vez más, lo que parece ser un beneficio inmediato se transforma luego en un daño mucho mayor.

El estúpido estratégico, centrado en el bienestar inmediato, es incapaz de prever los efectos futuros e, incluso cuando lo consigue, subestima su alcance, autoengañándose para privilegiar lo «mejor enseguida». Como se percibe ahora con claridad, precisamente el hecho de no saber renunciar a la satisfacción inmediata nos incapacita para planificar una estrategia capaz de prever también los efectos futuros. El placer y el bienestar nos van esclavizando poco a poco si no aprendemos a renunciar a ellos al momento. En el juego estratégico del ajedrez esto equivale al movimiento de sacrificar una pieza para distraer al adversario y de este modo hacerle jaque mate. Pero el sacrificio no es una categoría propia de la estupidez estratégica, ya que esta más bien lo percibe como un sufrimiento inútil que hay que evitar en nombre del beneficio inmediato.

Cuando nos encontramos ante una persona que se ha vuelto estratégicamente estúpida debido al éxito obtenido, conseguido muchas veces con esfuerzo y sacrificio, percibimos un dogmatismo adquirido de tipo autorreferencial. En otras palabras, lo que ha permitido obtener el resultado anhelado se convierte en *via veritas et vita,* verdad estratégica indiscutible que, precisamente porque es indiscutible e inmune a la crítica, se transforma exactamente en su contrario. Conviene aclarar que esto le puede ocurrir no solo al que ha logrado grandes hazañas, sino también a quien, dentro de sus posibilidades, ha obtenido consensos o éxitos comerciales o profesionales. Persistir con tenacidad en las acciones que han tenido respuestas positivas es un modelo que se observa, como la estupidez en general (Cipolla, 2011), en todos los niveles culturales y en todas las clases sociales. El factor crucial es la percepción del éxito conseguido. En individuos que presentan psicopatologías reales, el dogmatismo autorreferencial se manifiesta incluso en ausencia de logros y éxitos reales, porque estas personas, mediante procesos de proyección-identificación, se apropian de los ajenos como si fueran experiencias personales. Sin embargo, sea cual sea la variante de estupidez estratégica, es enemiga declarada de la duda y de la crítica, y más aún del principio de autocorrección y de la flexibilidad mental, porque estas dan lugar a tribulaciones y a posibles sufrimientos, que son rigurosamente evitados y conscientemente rechazados. En conclusión, el estúpido estratégico la mayoría de las veces elige de manera consciente: no es el imbécil o el idiota, que no comprende, sino el que decide con pleno conocimiento tomar el camino menos fatigoso o más bien el más fácil o el más placentero. Cuando se actúa de esta manera apenas cuentan los posibles daños a los demás, sino solo el bienestar propio. En este sentido, vale la pena citar de nuevo a Pascal (1670), que sentencia: «Nunca se hace daño de forma tan plena y alegre como cuando se hace a conciencia».

Cuarto razonamiento. El estratégicamente estúpido es incapaz de sentir empatía auténtica y compasión

Demostración

El egocentrismo extremo que connota la estupidez estratégica impide identificarse con el otro, sentir sus emociones, necesidades y deseos, así como sus sufrimientos y malestar. El individuo está tan centrado emocionalmente en sí mismo que se vuelve sordo y ciego ante el otro, insensible a sus vivencias y estéril a nivel afectivo, con una única excepción: cuando se siente adulado y es el centro de atención se vuelve complaciente, amable y disponible. Esto es fácil de entender y no está en contradicción con su egocentrismo, que más bien sale reforzado. Para estos individuos las relaciones complementarias suelen ser con compañeros entregados y dispuestos al sacrificio, que se inmolan en el altar de sus necesidades y deseos. Se trata de una variante de la relación víctima-verdugo, aunque no se percibe así, sino como una relación en la que el compañero adopta una postura de sumisión reverente, que se convierte en complicidad y alimenta la autorreferencialidad y el egocentrismo del amado o de la amada. Desde hace algún tiempo se utiliza el término «narcisismo» (Lingiardi, 2021) en relación con este perfil de conducta relacional, referido no tanto al mito griego como al constructo psicoanalítico, centrando la atención en la autocomplacencia del individuo, la cual lo hace ser poco atento con su compañero y con las demás personas en general. Yo prefiero el concepto evolutivo de «egocentrismo», que se observa en algunas fases infantiles del desarrollo del individuo, porque me parece mucho más idóneo en cuanto mecanismo de defensa y no enamoramiento de sí mismo. Además, el egocentrismo en sus distintas variantes puede ser mucho más extenso que el narcisismo, si bien comparte con él algunas características y, llevado al extremo, tiene efectos mucho más invasivos y devastadores, tanto para uno mismo como para las personas más próximas o, en el caso del líder, para todos aquellos que lo siguen, como por desgracia nos enseña la historia desde la Antigüedad. Sin embargo, el hecho de que el estúpido estratégico esté sometido a la complacencia de la adulación lo hace claramente manipulable: es bastante fácil hacer que se sienta el mejor o el más importante para obtener de él generosas donaciones materiales, obras o bien protección y apoyo. Esto es: el manipulador se transforma en el manipulado. El sabio auténticamente estratégico sabe cómo tratar a estos individuos: no hay que llevarles nunca la contraria o hacerles sentir que están equivocados, sino dejarlos creer que dominan la conversación, conduciéndolos mediante sus mismos argumentos a ver ventajas en cosas que antes consideraban desfavorables. Igual que hacían en la antigua China los sabios consejeros de los emperadores, que nunca debían hacer sentir al reinante que estaba equivocado, a riesgo de ser decapitados de inmediato, sino que mediante artificios retóricos o alusiones refinadas debían lograr que fuese él quien hiciera lo que ellos le habrían podido aconsejar directamente. El egocentrismo llevado al extremo hace al estúpido estratégico tan sensible a los halagos y a los aplausos como hostil a las críticas y a los consejos directos. Como ya observaba Musil (1937) hace casi cien años, el componente de los sentimientos, de los afectos y de las emociones no es controlado por el intelecto, el cual, aunque pueda ser superior a esos estímulos, es desbordado por el impulso. Los egocéntricos son incapaces de sentir al otro, sus emociones y sus necesidades, movidos por un egoísmo extremo que, como brillantemente declara Friedrich Nietzsche (1882), «no es más que la visión en perspectiva de la realidad», en el sentido de que todo lo que se aleja de nosotros se encoge, mientras que todo lo que se acerca se agranda. Este fenómeno natural en el estúpido estratégico se agiganta desmesuradamente, se convierte en el eje en torno al que gira toda su personalidad y lo hace un ser del todo insensible a todo lo que no le aporte beneficio o contribuya a su bienestar personal; el otro se convierte en un estorbo del que hay que deshacerse cuando no sirve para este esquema, pues prestarle atención sería despilfarrar una energía que hay que reservar enteramente para uno mismo.

La necesidad de alimentar el hambre del propio ego obliga al egocéntrico a obtener, sin escrúpulos, la aprobación y el aprecio continuos. Si no los obtiene, se desencadenan reacciones agresivas, que siempre tienden a atribuir la culpa a los otros o al mundo injusto; si el egocéntrico se cuestionara a sí mismo, se resquebrajaría su coraza de certezas y caería en una crisis de auténtica descompensación psíquica, condición de la que se defiende con denuedo. Por lo tanto, el hombre aparentemente fuerte, testarudo hasta el cerrilismo a la hora de mantener sus posturas, oculta una marcada fragilidad emocional de la que se protege con actitudes y conductas que dan una imagen de sí opuesta y bien visible. Nunca hay que olvidar la antigua máxima: «Quien se exhibe no brilla».

Pero esta mirada distónica convierte a nuestro individuo en un egoísta fracasado, porque no le permite darse cuenta de que para obtener de los otros el máximo provecho para sí mismo es necesario hacer que se sientan importantes, apreciados y ofrecerles su disponibilidad y su atención afectiva. Como bien demostró el filósofo y sociólogo Jon Elster (1978, 1979), lo que recibes de las personas a las que has ofrecido tus atenciones y cuidados es mucho más de lo que les has dado. El egoísmo sabio coincide, de hecho, con el altruismo sano.

Quinto razonamiento. El estúpido estratégico no dialoga, proclama

Demostración

El diálogo es un encuentro de inteligencias. Dialogar significa intercambiar puntos de vista, llegar a coincidir en las conclusiones (Nardone y Salvini, 2014). Como el lector comprenderá y teniendo en cuenta lo que hemos expuesto hasta ahora, el diálogo representa una modalidad de comunicación con el otro muy alejada de la conducta de quien siempre está centrado en sí mismo, en sus creencias y deseos. El que se ha construido su propia estupidez estratégica no puede mantener un diálogo, porque el diálogo supone escuchar al interlocutor e identificarse con él, ser capaz de ver las cosas desde su perspectiva y con sus ojos y abrir así el camino al contacto empático y al «ser con» existencial. Condición imposible para quien ha de anteponerse siempre al otro y defender sus opiniones de la duda y de la posible contaminación de ideas diferentes.

Para ello, el estúpido estratégico suele proclamar como una imposición sus opiniones y ataca con duras críticas y juicios despreciativos las de los demás, recurriendo a menudo al código lingüístico del libelo para llamarlos «estúpidos», «imbéciles», etcétera. Su estilo expositivo básico es: «yo… yo… yo», es decir, hablar siempre sobre su propia experiencia y sus propias creencias, esgrimidas como las mejores y ganadoras.

Para un atento experto en comunicación, su lenguaje es como el de la propaganda que, cuando se trata de personas inteligentes, puede llegar a ser incluso especialmente convincente. Por tal motivo, como ya hemos tenido ocasión de observar, muchas de estas personas han llegado a ser líderes y han arrastrado a las masas hacia los peores desastres, de los que la historia nos ofrece numerosos ejemplos sucedidos a lo largo de los siglos. Por otra parte, hay que tener en cuenta que este tipo de lenguaje, al igual que el publicitario, tiene un fuerte impacto en la comunicación de masas y, en cambio, muy poco en la íntima, donde incluso resulta grotesco. Imaginen al pretendiente que proclama constantemente sus virtudes en un intento de «venderse bien» y produce exactamente el efecto contrario, es decir, la aversión. De hecho, este modelo comunicacional es propio de la manipulación y el condicionamiento y no de la persuasión: persuadir es atraer suavemente hacia uno mismo, mientras que manipular es deformar considerablemente, así como condicionar es someter al continuo martilleo del mensaje (Nardone, 2015). No es casual que manipular y condicionar sean las dos formas de comunicación utilizadas desde siempre por los reinos totalitarios, donde no se tolera la crítica y la diversidad de opiniones. La comunicación persuasoria, en cambio, tuvo su máxima expresión histórica en el debate interno de las primeras formas de organización social democrática en la antigua Grecia. No debe sorprendernos que la «irritante cerrazón» y el «egocentrismo extremo», que son la marca de fábrica de la estupidez estratégica, conduzcan a una modalidad autoritaria de comunicar y de relacionarse con los demás y con el mundo, dado que estos dos factores de funcionamiento mental solo respetan la libertad ajena si coincide con las expectativas y la voluntad del estúpido estratégico, a las que obligatoriamente deben sumarse los demás y el mundo.

Este razonamiento pone en evidencia que el estilo comunicativo y el tipo de lenguaje utilizado, si se analizan bien, representan el primer criterio para identificar la estupidez estratégica, ya que, aunque a menudo no se tiene demasiado en cuenta, nuestro lenguaje dice más de nosotros que cuanto nosotros decimos y nuestra comunicación no verbal y paraverbal expresa muchas cosas sin que nos demos cuenta. En efecto, se puede reconocer el perfil psicológico del estúpido estratégico ahí donde se observan:

a) una actitud constantemente severa y rígida o, por el contrario, de un descuido ostentoso, un andar imponente y a menudo pesado, casi nunca suave y ligero; una violación frecuente de las distancias proxémicas, es decir, acercarse demasiado a la otra persona y hablarle sin respetar una distancia mínima;

b) un discurso casi siempre altisonante, con un ritmo apremiante y muy pocas pausas prosódicas, acompañado a menudo de una gestualidad teatral;

c) una mirada directa cuya intención es intimidar, pero que, frente a personas de aire decidido, con frecuencia se amansa rápidamente y se torna sumisa;

d) el recurso habitual a lemas, sentencias y lugares comunes como si fuesen verdades absolutas y manifestación de gran sabiduría;

e) la costumbre de opinar de todo tipo de cuestiones como un experto, con juicios a menudo tajantes;

f) la tendencia a evitar el condicional y el subjuntivo al conjugar los verbos, despreciados por ser dubitativos e hipotéticos;

g) la predisposición a centrar la conversación en sí mismo, en sus opiniones y virtudes.

Si una persona responde a estos criterios en su forma de comunicar, es muy alta la probabilidad de que nos hallemos ante un auténtico estúpido estratégico, el cual, sin duda, no tendrá presente una regla de oro de la retórica: «Excluid la probabilidad, ya no se puede complacer al mundo; introducid la probabilidad, ya no se puede disgustarlo» (Pascal, 1670).

Reflexiones al margen

El lector avezado seguramente habrá observado que con los razonamientos presentados y sus demostraciones se han repasado los temas fundamentales de un tratamiento psicológico. El punto de partida ha sido el análisis del fenómeno que nos ocupa desde el punto de vista de su evolución, luego se han tratado sus aspectos cognitivos y conductuales hasta llegar a los emocionales, afectivos y relacionales, para acabar con su dimensión comunicativa. Todo ello con el objetivo de ofrecer un panorama general, pero detallado, de las manifestaciones de la estupidez estratégica.

En el capítulo siguiente analizaremos las modalidades expresivas de la estupidez estratégica que más abundan en nuestro mundo y en nuestra vida cotidiana, y propondremos una especie de clasificación de los diferentes perfiles psicológicos según su peculiar manifestación.

Para acabar este capítulo, me gustaría subrayar una vez más que el problema al que nos enfrentamos no es el de la estupidez estratégica ocasional; todos hemos sido estúpidos en la vida y probablemente lo volveremos a ser. El fenómeno que estamos investigando se estructura cuando la estupidez estratégica se convierte en una constante, una modalidad cognitiva y conductual, afectiva y emocional persistente. Errar es humano, perseverar en el error es diabólico; en otras palabras, y sin ánimo de ofender a entidades sobrehumanas, el que por su actitud cerril no es capaz de cambiar ni siquiera ante la evidencia de su error corre el riesgo de acabar como el mulo protagonista de un antiguo cuento griego con moraleja: un mulo transportaba desde tiempo inmemorial una carga de leña del valle a la montaña, pasando siempre por el mismo camino a través del bosque. Un día, despúes de una tormenta nocturna, se encontró con un enorme árbol caído que impedía el paso. El mulo, famoso por su tozudez, no se detuvo y chocó violentamente de frente contra el tronco. En vez de sortear el obstáculo, lo que suponía atravesar el bosque tan temido, el mulo tomó carrerilla con la intención de apartar el árbol con el golpe. Desgraciadamente, el fuerte cabezazo no consiguió mover ni un milímetro el tronco y en cambio le produjo una herida en la frente. Ni siquiera tras ese doloroso fracaso el mulo decidió aventurarse por el bosque e insistió en sus intentos de mover el tronco hasta herirse de tal gravedad que cayó al suelo. Lo encontraron muerto los leñadores que, tras haber esperado su llegada inútilmente, habían ido a buscarlo.

4. Los perfiles de la estupidez estratégica

Leonardo da Vinci (1977) sostenía que «la sabiduría es hija de la experiencia» y añadía que la observación atenta de las experiencias ajenas, además de las propias, es el primer paso del saber, en el sentido de un conocimiento que conduzca a la buena práctica.

En la misma línea, siglos más tarde, la epistemología constructivista, desde von Glasersfeld (1995) y von Foerster (1973) hasta Watzlawick (1981), sitúa en la «conciencia operativa» la capacidad de actuar sobre la base de la experiencia guiada por un conocimiento flexible y adaptable. «Actúa de modo que aumentes las posibilidades de elección» es el imperativo ético de esta visión metodológica en la que la «teoría fuerte», que describe la naturaleza de las cosas y prescribe cómo gestionarlas, es sustituida por el método de los «puntos de vista» que determinan nuestras observaciones e ideas. Como explica Carlo Rovelli en su *Helgoland* (2020), esta es también la evolución metodológica a la que llegó la primera ciencia, es decir, la física. De ello se desprende que el estudio de un fenómeno debería llevarse a cabo observándolo en su expresión redundante, como afirmaba Gregory Bateson (1972): las redundancias son las que nos muestran el funcionamiento de un sistema, permitiéndonos evaluar sus dinámicas y sus efectos desde varios puntos de vista. Si aplicamos estos principios metodológicos al fenómeno que nos ocupa, surgen un montón de variantes de la estupidez estratégica observables en su expresión redundante en la vida diaria, y esto ocurre no solo entre personas poco inteligentes, de escasa cultura o de conocimientos exiguos, sino, como afirma Carlo Cipolla, en todas las clases sociales y en todos los niveles del saber. Como ya hemos explicado, la estupidez estratégica no es el producto exclusivo de factores intelectuales, sino también de las interacciones de estos últimos con las dinámicas emocionales, afectivas y relacionales. Estudiar de modo sistemático este tema implica distinguir los tipos y su expresión experiencial, en una especie de clasificación de los modelos de estupidez estratégica cuyo factor común es que tarde o temprano todos tienen consecuencias desastrosas. Del mismo modo que Freud (1901) trató de la «psicopatología de la vida cotidiana» en su libro de más éxito, ofreciendo numerosos y repetidos ejemplos, nosotros lo haremos aquí de la «estupidez estratégica de la vida cotidiana» trazando sus perfiles más frecuentes, que todos conocemos no solo como observadores, sino a veces también como protagonistas. Finalmente, partiendo de mi experiencia, trataré de ofrecer la estrategia idónea para gestionar cada una de estas tipologías y anular sus efectos.

Primer perfil: el incompetente sabelotodo

Es aquel que, pese a su evidente falta de preparación, se las da de sabelotodo, criticando a menudo los títulos académicos en nombre de un saber práctico adquirido, fruto de experiencias declaradas pero casi siempre falsas. Este perfil de estupidez estratégica está muy extendido en un mundo como el de internet, donde puedes inventarte ser quien no eres hasta que se pasa del mundo virtual al real. De ahí que muchas relaciones que nacen en la red no se transformen en contactos concretos porque esto desvelaría el engaño y destruiría la imagen construida, muy alejada de la real. Vittorino Andreoli afirma en su *Homo stupidus stupidus* (2018) que las tecnologías de la comunicación son responsables en buena parte del entontecimiento del hombre moderno por haber bloqueado su evolución intelectual y moral, haciendo que se degraden sus capacidades adaptativas y desacreditando los valores esenciales de la humanidad. Considero que esta postura está en parte legitimada por lo que puede observarse empíricamente, pero creo que nunca es la herramienta en sí misma la culpable de sus efectos negativos, sino el uso que de ella se hace. Por consiguiente, la responsabilidad por la utilización exacerbada de la herramienta tecnológica recae en el individuo y en la comunidad. Esta desconexión entre imagen y realidad, fruto de las posibilidades futuristas que ofrece la evolución tecnológica, representa tan solo un aspecto de este perfil psicológico. En la vida siempre han existido incompetentes sabelotodo, incluso antes de la llegada de internet; hoy en día abundan y siempre están dispuestos a exhibir su presunta sabiduría. Expresan constantemente sus opiniones como si fueran conocimientos consolidados y menosprecian las de los demás considerándolas estupideces. Como señala la mayoría de los autores que han escrito sobre la estupidez, juzgar y sentenciar a otros estúpidos es la prueba de serlo. Lástima que en esta pragmática trampa comunicativa caigan a menudo también ellos. Sin embargo, desenmascarar al incompetente sabelotodo es bastante fácil: basta dejar que se exhiba libremente y pedirle luego que demuestre la competencia adquirida sobre el tema. O bien, siguiendo el arte de la estratagema (Nardone, 2003), «hacer subir al enemigo al desván y quitar la escalera». Este caerá bajo el peso de sus construcciones engañosas y carentes de fundamentos reales, y la mayoría de las veces tendrá reacciones agresivas que demuestran aún más su inconsistencia. No conviene subestimar las palabras de Benjamin Franklin (2020): «El incompetente forzosamente ha de ser deshonesto».

Segundo perfil: el esnob presuntuoso

Es el que cree que posee el conocimiento esencial y una inteligencia superior, y por eso mira a todos los demás por encima del hombro. Es el perfil típico de quien tiene títulos académicos o una profesión que le hacen sentir por encima de la media habitual y por ello se cree legitimado para juzgar despreciativamente a todos los que considera inferiores, y en cambio se muestra respetuoso con quien considera superior, aunque sienta una profunda envidia. Las personas que responden a este perfil desprecian a quienes consideran ignorantes y estúpidos, y mantienen una actitud de sumisión envidiosa ante los que consideran más poderosos, dispuestos a vender el alma al diablo para ocupar su puesto, aunque sea con las maniobras más insidiosas y desleales. No obstante, su estupidez estratégica los hace tan antipáticos para la mayoría como poco apreciados por quienes podrían favorecer su carrera, aunque esto no merma en lo más mínimo la opinión que tienen de sí mismos, de modo que insisten en su guion de engreídos, del que ni siquiera se apartan cuando sufren dolorosos fracasos.

Incluso en las relaciones afectivas pretenden ser considerados portadores de la verdad y se irritan ante la más mínima descalificación. Sus parejas son o personas inseguras y necesitadas de protección, que adoptan voluntariamente una actitud de sumisión y de veneración, o bien personas que desempeñan funciones que pueden facilitar su ascenso social.

Con estos individuos hay que buscar el enfrentamiento directo, una especie de duelo intelectual, y someterlos con la competencia o con la personalidad. Como advierte Karl Popper (1945): «Solo frente a los arrogantes y presuntuosos es lícito (y necesario, añado) ser arrogantes», así es como el prepotente ha de ser sometido.

Tercer perfil: el ignorante feliz

Es aquel que considera del todo inútil, si no contraproducente, poseer cultura, instrucción y conocimientos codificados. Se distingue claramente del incompetente arrogante porque no alardea de habilidades que no tiene, sino que se enorgullece de su ignorancia. Proclama que hoy en día, para hacer dinero y disfrutar de la vida, no es absolutamente indispensable estudiar durante años, y pone como ejemplo a los *influencer* y los motivadores, que, sin tener títulos académicos, han triunfado antes y en mayor medida que la gran mayoría de los que se han sacrificado para obtener licenciaturas y especializaciones. La mayor parte de estos individuos que desprecian la cultura chapotean en la red en busca de la ocasión para «dar un giro» a su vida e intentan seguir el camino del *gamer* o del *influencer,* subestimando el hecho de que los mejores son personas con una buena instrucción, como, por ejemplo Chiara Ferragni. Su objetivo fundamental es ganar mucho trabajando lo menos posible y gastar el tiempo y el dinero en diversiones de todo tipo. Si no consiguen su objetivo, se frustran, tienden a la depresión y a menudo consumen sustancias y alcohol como refugio anestésico. Los pocos que triunfan, como muestran las crónicas, la mayoría de las veces se entregan a excesos en busca de placeres que tienden a ser cada vez más extremos, peligrosos o ilícitos, porque los ordinarios resultan aburridos y dejan de ser estimulantes. El destino de estos individuos es idéntico al de quienes acumulan fortunas sin sacrificios, es decir, ascensos rápidos seguidos de caídas estrepitosas, de las que además la mayoría de las veces no consiguen recuperarse porque carecen de la humildad y de los medios necesarios para ello. Por desgracia, en las últimas generaciones está aumentado mucho el número de jóvenes que se engañan creyendo que tendrán éxito económico sin esfuerzo, sin haber adquirido conocimientos y sin tenacidad. Por otra parte, nuestra sociedad hiperprotectora y permisiva tiende a desresponsabilizar a los jóvenes y los acostumbra a tenerlo todo sin ningún sacrificio, volviéndolos estúpidos por un exceso de atenciones.

Ante este tipo de individuos se debería utilizar un enfoque paradójico, esto es, «si quieres enderezar una cosa, intenta retorcerla más» (Nardone, 2003); enfoque que consiste en ponerlos contra las cuerdas extremando su visión hasta el absurdo y el ridículo. Es la técnica retórica de la *reductio ad absurdum* (Cicerón, 2015).

Cuarto perfil: el ideólogo inamovible

Durante más de un siglo y medio, las ideologías políticas han sido, tal vez más que las religiones, «el opio de los pueblos». El fracaso de sus promesas es una evidencia histórica y, sin embargo, siguen teniendo fervientes defensores. El individuo tipo es el que lo reconduce todo a su fe ideológica y lucha esforzadamente contra el que tiene ideas distintas. No pierde la ocasión de debatir o convencer a los demás de la corrección y veracidad de sus ideas, suele ser socialmente activo y comprometido, y por ello es muy estimado. Se le aprecia por la coherencia y fidelidad a sus valores, y tiende a asociarse con quien comparte sus mismas convicciones. De este modo, la rigidez de su pensamiento se refuerza hasta convertirse en auténtica cerrazón. Esto lo hace más intolerante aún con aquellos que sostienen visiones contrarias a la suya, a quienes no dudaría en castigar por considerarlos socialmente indignos, cuando no peligrosos. Como teoriza Platón en la *República,* para el ideólogo inamovible quien no se adhiere a la «verdad absoluta» debería ser forzosamente «reeducado». La ideología es la piedra angular de su identidad, y por ello la defiende a ultranza frente a cualquier asomo de duda. Debe quedar claro que este perfil no solo está relacionado con ideologías políticas o sociales, sino también con teorías sobre el hombre y sus acciones, como por ejemplo el veganismo, la macrobiótica, el terraplanismo, las teorías conspirativas, etcétera. Cada vez que un sistema de ideas se torna inflexible y se convierte en una forma de verdad absoluta, impone a sus seguidores fidelidad y respeto total a cambio de certezas existenciales tranquilizadoras. No hay que olvidar las brillantes palabras de Nietzsche (1882):

«Toda forma de absoluto es del dominio de la patología». Con estas personas nunca hay que entrar en una dialéctica simétrica, sino que, como enseña Pascal, hay que asumir su punto de vista haciéndoles creer que lo consideramos razonable, y solo entonces proponer el propio como una alternativa y no como un correctivo. Este recurso retórico no solo evita una disputa inútil, sino que introduce en la mente del ideólogo una nueva perspectiva que, como no contradice la suya, suele ser aceptada, abriendo así posibles fisuras en la rigidez de su pensamiento.

Quinto perfil: el lógico despreciativo

En las antípodas del perfil anterior, pero con resultados básicamente parecidos, se halla el que hace del razonamiento lógico su fortaleza, desde la que contempla con desprecio a todos los que están fuera de ella acusándolos de irracionalidad o estupidez. Su modelo es Aristóteles, el fundador de la lógica clásica, al que este tipo de individuos sigue fielmente rechazando la contradicción, la incongruencia y la incoherencia de los razonamientos. En las discusiones busca siempre estas características en los argumentos de los otros porque cree que de este modo sale vencedor de la disputa. La emotividad, la fantasía, la intuición y todo lo que sobrepase el puro razonamiento lógico se considera engañoso y hasta peligroso. En su opinión, solo el análisis lógico frío y distante puede impedir que el hombre sea presa de pasiones primitivas e instintos bestiales. Entre los fervientes defensores de esta forma de estupidez estratégica, considerada no obstante inteligencia que ilumina las tinieblas de las miserias humanas, se encuentran científicos, matemáticos, filósofos, intelectuales y, obviamente, lógicos de profesión. Todos ellos se engañan al creer que sus acciones en nombre de criterios indiscutiblemente exactos funcionan, también en este caso, como una tranquilizadora certeza existencial, hasta el punto de negar la ineluctabilidad de las continuas contradicciones, incongruencias e incoherencias que nadie puede evitar, dada la natural ambivalencia de la realidad y de las dinámicas interiores de los individuos. En otras palabras, la lógica los hace ciegos y sordos a todo lo que esta no contempla ni controla. Como ponía en evidencia Vaihinger (1911), el exceso de lógica conduce a lo ilógico y a menudo es necesario «pasar por lo ilógico para llegar a lo lógico». También en este caso es válida la estrategia de Pascal que acabamos de describir, pero, en vez de proponer el punto de vista propio, tras haber demostrado que se acepta el transparente rigor de la lógica habría que proponer los dilemas que ninguna lógica ordinaria puede resolver, y que en la cultura medieval se llamaban *insolubilia* (Erasmo, 1500), o paradojas lógicas, como la del «mentiroso que dice que miente». El lógico despreciativo quedará desarmado porque es incapaz de encontrar una solución lógica al dilema presentado.

Sexto perfil: el fanático ferviente

Es aquel que, a diferencia del lógico y del ideólogo, centra su existencia en una pasión que, a menudo, se convierte en una verdadera fijación: vive de ella y por ella y habla casi exclusivamente de ella. El ejemplo más llamativo es el del fanático de un deporte, desde el popular fútbol al elitista golf, aunque la pasión desmedida se extiende también a otros sectores como, por ejemplo, el de la comunicación, revolucionado con la llegada de internet, con sus «internautas» felizmente perdidos en la red o, de manera más reciente, el de los «hiperconectados» de la vida virtual en las redes sociales. En estos casos, la pasión evoluciona hasta llegar a convertirse en el único y omnipresente tema en la vida de estos individuos y degenerar a menudo en una forma de psicopatología compulsiva o de dependencia. Sin embargo, no es nuestro deseo ocuparnos aquí de la parte clínica del fenómeno, como ya hemos hecho en otros trabajos (Nardone y Cagnoni, 2002), sino tratar del aspecto conductual mucho más amplio por el cual el individuo se vuelve monotemático y pierde el interés por todo lo que no forme parte de su mundo pasional. Esta condición los hace desmotivados e insensibles a todo lo demás, es decir, «obtusos» a menudo de forma irritante y, por tanto, miembros de pleno derecho del gran club de la estupidez, y como bien saben los sociólogos, historiadores y psicólogos sociales, siempre ha permitido un control social por parte del poder dominante, como nos recuerda el *panem et circenses* de los emperadores romanos. Si se analiza además el modo en que esa inclinación constante hace a uno ciego, sordo y poco interesado en otras esferas de la vida, resulta evidente un ascenso a la estupidez estratégica. No obstante, hay que aclarar que, por supuesto, no pertenece a este perfil el que cultiva una o más pasiones sin transformarlas en el tema dominante de su vida, sino haciendo de ellas una fuente de mejora personal y de apertura mental, como compensación del excesivo compromiso en la vida profesional. *La via del saggio* (Deng, 1999) ya indicaba hace milenios que para estar y mantenerse en equilibrio había que realizar del mejor modo posible el propio trabajo y cultivar por afición una actividad en la que competir con quien la practica como profesión. Se trata de proponer al fanático, sin menoscabar nada su pasión, que la combine con otras competencias que incluso lo harán mejor en la realización de esta, un «surcar el mar sin que el cielo lo sepa» (Nardone, 2003) que permite introducir en su mente otra práctica capaz de flexibilizar la rigidez del apego a la primera.

Séptimo perfil: el manipulador taimado

Es aquel que para obtener más beneficios para sí mismo intenta manipular a los demás sin demasiados escrúpulos, aunque la mayoría de las veces, como pone de manifiesto Cipolla (2011), acaba perjudicándose también a él mismo. En este caso, nos hallamos ante una constante sobrevaloración de las propias capacidades unida a una casi inconsistente consideración del otro y de los sufrimientos que el beneficio personal puede acarrearle. Por desgracia, a veces este individuo triunfa en su intento y se convence a sí mismo de que puede repetir ese malévolo éxito replicando el mismo guion de conducta. Afortunadamente, al cabo de un tiempo la mayoría de la gente empieza a desconfiar de él y ya no se deja embaucar. Sin embargo, el sujeto no desiste y busca nuevos individuos a los que manipular en beneficio propio. Figuras de este tipo abundan desde siempre no solo en el mundo del comercio y de los negocios, sino también en la política y en todas las profesiones en las que el poder, y no solo el económico, es el objetivo principal que hay que conseguir y luego ejercer. Para quienes no disponen de otros recursos válidos, la manipulación insidiosa se convierte en el instrumento principal para lograr tales conquistas. Debemos tener en cuenta que para muchas personas la manipulación no es un problema ni una forma de estupidez estratégica, sino una prerrogativa propia de algunos ámbitos como la política, las finanzas o el *marketing*. Buen ejemplo de ello lo proporcionan incluso importantes figuras históricas como Abraham Lincoln, quien afirmaba que «un político de raza no debe dudar si en algún momento hay que ensuciarse las manos», o Maquiavelo (1991), con la tan manida como malinterpretada afirmación de que «el fin justifica los medios». Sin embargo, la cuestión es que, en la mayoría de los casos de la vida diaria, los manipuladores taimados son desenmascarados, avergonzados y desautorizados, de manera que acaban obteniendo el resultado contrario al que tanto deseaban. Consiguen así un merecido puesto en el olimpo de la estupidez estratégica, cuya vara de medir es, precisamente, el éxito aparente o parcial que luego evoluciona hacia resultados desastrosos. Hay que observar, no obstante, que en los últimos años la tipología de manipuladores taimados es más extensa porque cada vez son menos los individuos dispuestos a comprometerse en procesos de elevación personal que supongan un sacrificio prolongado e intenso, mientras que abundan los que buscan atajos para conseguir el poder o el dinero. Ahora bien, incluso en este caso no es difícil desvelar sus intenciones reales: basta con pedirles sacrificios personales, a los que no sabrán acceder en las intenciones, ni mucho menos mostrarse capaces en la práctica.

Octavo perfil: el empático camaleónico

Radicalmente diferente al perfil anterior es el tipo de persona que no intenta manipular, sino que acaba siendo manipulada en el trabajo, en el amor y en las amistades. Una especie de víctima de los cínicos, de los oportunistas y de los manipuladores taimados es aquel que no solo se adapta constantemente a los demás, sino que se amolda a ellos; igual que el camaleón, que cambia el color de la piel como estrategia de supervivencia, este individuo adopta la postura y el punto de vista de las personas que forman parte de su círculo íntimo de amistades empatizando con ellos y reflejando sus estilos emocionales y afectivos. Son individuos que no han desarrollado su propia identidad diferenciada, incapaces de soportar conflictos y choques y que, por tanto, con el tiempo han adquirido el hábito de amoldarse a los demás para ser apreciados, queridos y amados. Pero, como nos enseña la experiencia, esta forma de incapacidad relacional, resultado de una marcada inseguridad personal, lleva a estructurar relaciones complementarias con quien, por sus características objetivas, tiene necesidad de compañeros o amigos que se sometan a él o lo exalten: la mayoría de las veces, los representantes de algunas tipologías de estupidez estratégica descritos en las páginas anteriores. Dejo que el lector imagine la variedad de resultados desastrosos, tanto en la vida personal como en el trabajo. El objetivo por el que, conscientes o no, ponen en práctica de forma redundante el guion de la empatía camaleónica la mayoría de las veces no se cumple, sino que lo que se obtiene es una amarga descalificación personal. Como puede observarse, en esta tipología, a diferencia de las anteriores, el fenómeno de la estupidez estratégica se manifiesta en la dinámica afectiva y emocional, que es un ámbito de la vida igual de importante o más que el del éxito personal y profesional, y como tal hay que tenerlo en cuenta a la hora de describir las expresiones diarias de la incapacidad de cambiar lo que nos conduce, detrás de una aparente funcionalidad, a efectos que en absoluto son adecuados a nuestros propósitos.

Una terrible metáfora de esta dinámica puede encontrarse en la novela de Carlo Cassola *El hombre y el perro* (1977), en la que el cánido, que busca un amo al que servir y a quien atarse, pasa de un torturador a otro sin recibir nunca ni una migaja del amor que él da, y acaba muerto a manos de su último y más cruel amo. Precisamente el recurso a analogías sugestivas y evocadoras es la ganzúa emocional que puede liberar a estas personas de su modalidad relacional redundante, porque esas analogías inciden en las emociones primarias del miedo y del dolor, que son las responsables de que la persona ponga en práctica el guion de la «empatía camaleónica» (Nardone, 2010). Como enseñaba Hipócrates (1996): *Similia similibus curantur.*

Noveno perfil: el crítico insaciable

A principios del siglo xx, Karl Kraus afirmaba irónicamente: «El que no sabe hacer, enseña»; me permito añadir, haciéndome eco asimismo del pensamiento de Oscar Wilde, que el que no sabe hacer ni enseñar, critica. Cuando la profesión de crítico se expresa en el contexto de la estupidez estratégica no se trata de un profesional que la ejerce tras haber recibido la formación pertinente en su especialidad, sino de un individuo que lo critica todo y a todos con el único propósito de destacar, con el efecto habitual, aunque no inmediato, de suscitar únicamente antipatía y aversión. Por desgracia, este tipo frecuente de todólogos, «tronistas» y autoproclamados «sabios» ejerce cierto atractivo en personas que soportan mal la competencia real construida a base de trabajo duro y de tiempo, como una característica que les es ajena. A sus ojos, criticarlo todo y a todos puede parecer una eficaz estrategia de éxito que hay que practicar a gran escala. Además, la comunicación de masas, sin filtros de calidad, facilita enormemente esta clase de «profesión», y por eso hoy en día, en los medios de comunicación y en las redes, abundan los críticos insaciables deseosos de disparar juicios descalificadores sobre cualquier tema o persona. Tampoco debemos subestimar el hecho de que en la comunicación de masas los conflictos, las polémicas, los litigios y el cotilleo más basto, modalidades comunicativas basadas en la crítica de baja estofa, garantizan mucha más audiencia o ventas que los discursos de nivel cultural alto o que los diálogos respetuosos y equilibrados. Sin embargo, este guion, si se interpreta de forma reiterada y sin variaciones, muy pronto resulta insoportable a casi todo el mundo y acaba por agotar su éxito inicial para evolucionar hacia su contrario. Pero como confirmación de una característica fundamental de la estupidez estratégica, raramente el crítico insaciable consigue corregir su comportamiento, ni siquiera ante la evidencia inequívoca de su disfuncionalidad, y por tanto avanza cerrilmente hacia el fracaso clamoroso. La técnica para gestionar a estas personas es parecida a la adoptada con los arrogantes, es decir, ser aún más críticos con ellos mismos de lo que lo son ellos y hacer que emerja así su incompetencia. La mayoría de las veces, el enfrentamiento queda reducido a un simple choque dialéctico, porque el crítico insaciable por lo general tiene muy pocos argumentos al margen de la descalificación y sabe reaccionar poco o mal cuando el descrédito cae sobre él con fundadas razones. En resumen, se podría sintetizar así la técnica con la que neutralizar al crítico insaciable: «Matar a la serpiente con su mismo veneno» (Nardone, 2003).

Décimo perfil: el eterno insatisfecho

La envidia, como sabemos desde tiempos inmemoriales, es uno de los sentimientos que más envenenan y pervierten al ser humano, perennemente frustrado por no tener lo que poseen los individuos con los que se mide en un enfrentamiento perdedor. Si la envidia se mantiene por debajo de un determinado nivel, induce a mejorar y, por tanto, es un impulso emocional sano; pero si traspasa este límite de funcionalidad se convierte en fuente de rabia, agresividad o insatisfacción.

Es evidente, incluso para quien no entiende de dinámicas psicológicas, que esta forma de sentir, descrita de manera ejemplar por la literatura y por la tragedia, ofusca las capacidades estratégicas del individuo y provoca reacciones perturbadoras e incluso destructivas, con resultados que a menudo se vuelven contra su propio autor. Las personas envidiosas tienden a lamentarse de no haber tenido las mismas oportunidades que aquellos a quienes envidian, y menosprecian las cualidades objetivas de los demás, en especial cuando son muy elevadas en comparación con las propias, que consideran muy superiores a como son en realidad. De este juego de subestimación de las virtudes ajenas y de sobrevaloración de las propias (Nardone, 2013) nace la frustración de no estar en el lugar de aquellos a quienes se envidia. Una especie de injusticia inaceptable contra la que el insatisfecho protesta y por la que sufre; por eso adopta una actitud de furiosa agresividad destructiva hacia quien se halla en una posición social más alta que la suya y de desprecio nada disimulado hacia los que están por debajo. Ese estado emocional persistente hace que incluso la persona más dotada sea incapaz de mostrar sus cualidades, con lo que alimenta aún más la frustración y la rabia. Este tipo de estupidez estratégica incita a no tener escrúpulos cuando se trata de alcanzar los propios objetivos, porque el individuo se siente legitimado, por la injusticia de la que se considera víctima, a actuar de la manera más innoble. Ni siquiera hace falta aportar ejemplos para demostrar hasta qué punto este tipo de personas abunda en nuestra sociedad, en la cual, según dice Erich Fromm (1976), cuenta más «el tener que el ser». Una variante especial del eterno insatisfecho, propia de las personas capacitadas y con carrera, es la del «genio fracasado», esto es, el que cree que es superdotado y que posee unos méritos no suficientemente reconocidos. Por ejemplo, el científico mediocre que siente como un error no ser premiado por sus investigaciones, o el escritor de escaso éxito que acusa de estupidez a los lectores que no leen sus libros y a los críticos que no los reseñan, o el artista que se siente injustamente incomprendido en su sublime creación, no apreciado ni retribuido con el éxito, por culpa de la creciente escasa sensibilidad artística. Como es evidente, en este caso concreto la insatisfacción y la frustración se experimentan en el seno de mundos elegidos en los que la persona ha tenido la capacidad de entrar, pero no de sobresalir. La respuesta emocional para defenderse de la frustración y del sufrimiento que esta produce es, de nuevo, la «psicotrampa» de sobrevalorar, subestimar y agarrarse a la estupidez e ignorancia imperantes, que hacen que el «genio» no sea reconocido. Pero como ya hemos dicho, es propio del estúpido acusar a los demás de ser idiotas para justificarse a sí mismo la falta de éxito y el reconocimiento tan anhelado. Las personas que responden a este perfil han de ser enfrentadas a sus limitaciones reales y a su envidia venenosa como consecuencia de la falta de aceptación de las propias limitaciones. Esta estrategia ha de adoptarse con decisión, pues de lo contrario se corre el riesgo de que estos individuos se envalentonen de forma agresiva, como hacen precisamente los gallos si no se los somete. «La estratagema de la estratagema desvelada» (Nardone, 2003) es el recurso idóneo tanto para el insatisfecho como para el genio fracasado.

Decimoprimer perfil: el megalómano

Este perfil, tan antiguo como moderno y a la vista de todos, corresponde a la persona que, tras haber obtenido un éxito, está convencida de que es «la mejor», la más querida e insustituible. En esta especie de trance de exaltación de sí pierde la lucidez, las virtudes y las capacidades estratégicas que le han permitido obtener el éxito y acaba realizando un gesto tan excesivo que hasta los que antes la habían aclamado ahora la rechazan. A lo largo de la historia esto les ha ocurrido a caudillos, artistas, científicos, políticos y otras figuras que, ebrias de éxito como en un estado de exaltación, cometieron errores imperdonables que en un abrir y cerrar de ojos les hicieron perder la popularidad y el poder adquiridos. El perfil que estamos examinando corresponde a una persona dotada que actúa de forma estratégicamente estúpida al sobrevalorarse a sí misma en exceso, como consecuencia paradójica de la extraordinaria demostración de sus méritos. Se dice que «nada es más peligroso que el éxito» si uno no es capaz de soportarlo a nivel psicológico ni de evitar caer en la autoexaltación. Esta —en apariencia— absurda dinámica mental es una psicotrampa muy común, y representa la quintaesencia de la estupidez estratégica de los inteligentes y virtuosos. Como bien saben los expertos en psicopatologías, las dotes intelectuales, creativas o atléticas sin un equilibrio mental son a menudo la base de la peor forma de locura, la que es lúcida y está impulsada por un delirio de omnipotencia. Son tantas las grandes personalidades que a lo largo de la historia de la humanidad han constituido, y siguen constituyendo, la prueba viviente de este fenómeno que podríamos denominarlo «axiomático».

En las últimas décadas, se ha extendido cada vez más una variante más insidiosa de la megalomanía: la del «plagiador en serie», o sea, la persona que para obtener éxito plagia obras, inventos o simplemente méritos de otro y los hace pasar por propios. Por desgracia, en el mundo de la comunicación de masas, sin un control efectivo de calidad, el plagio resulta mucho más fácil, por lo que esta práctica se ha extendido por todas partes y a todos los niveles. La consecuencia social de ese comportamiento es que se practica con frecuencia incluso en los ámbitos profesionales y científicos, además de en los artísticos, causando perjuicios peligrosos a quien confía en estos plagiadores que luego, como la experiencia demuestra, acaban la mayoría de las veces revelando su inconsistencia y su auténtica identidad. Permítanme, a este respecto, una confidencia personal: solo en una cosa he superado a mi maestro Paul Watzlawick, y es en ser incluso más copiado que él sin ser citado. Con los años he recogido una gran cantidad de testimonios de esta mala práctica, incluso por parte de colegas que por su talla académica no tendrían necesidad de recurrir a ella; la mayoría lo hace para acreditarse profesionalmente, sin pensar que si se plagia a alguien muy conocido es imposible no ser descubierto. Pero el mecanismo mental que se activa es el del autoengaño, ya analizado, por el que al cabo de un tiempo el individuo que sigue mintiendo se convence de que la falsedad que declara es la verdad. Uno de estos megalómanos llegó incluso a dedicar un libro suyo, en el que en buena parte plagia mi trabajo, a mi maestro, con la frase: «En memoria de Paul Watzlawick», como si él hubiese sido su alumno heredero, cuando en realidad ni siquiera lo había conocido personalmente.

La estrategia para gestionar estas dos variantes de megalomanía es una táctica ambivalente: evitar polemizar con tales individuos porque eso sería ponerse a su nivel y darles publicidad o crear el «efecto víctima» y, en cambio, avergonzarlos con elegancia e ironía, felicitándolos por su gran habilidad de «copistas», una especialidad que en cualquier caso requiere una gran pericia, como demuestran los pintores que realizan copias de grandes artistas que a menudo resulta difícil distinguir de los originales. Dicho de otro modo: una descalificación elegante que se basa en la estratagema de «mentir diciendo la verdad», que tiene como efecto «matar al enemigo con su mismo puñal».

Reflexiones al margen

Como el lector habrá observado, en este repaso de perfiles de las manifestaciones diarias de la estupidez estratégica he evitado mencionar casos concretos y personas contemporáneas. No se trata solo de una decisión estilística, sino del intento, espero que logrado, de no erigirme en censor y juez, de evitar emitir juicios porque, como lamentablemente ocurre en buena parte de las publicaciones sobre este tema, se acaba incurriendo justamente en una forma de estupidez estratégica expositiva. Dejo al lector que haga las asociaciones libres y fáciles con hechos y personas que llenan la crónica diaria. Como nos enseña la sabiduría antigua: «Se dice el pecado, pero no el pecador». Aunque los perfiles psicológicos han sido descritos, pero no ejemplificados, espero que el lector comprenda bien el sentido de mis reflexiones y confío en no haber caído en una estupidez más, precisamente en el intento de evitarlo.

También considero importante, debido a mi competencia y experiencia en el sector, que se utilicen las estrategias sugeridas para anular los posibles efectos nocivos de la estupidez estratégica cuando nos vemos obligados a enfrentarnos personalmente a ella. Como ya han aclarado muchas veces antes que yo numerosos autores que han tratado ese tema, la estupidez no puede ser eliminada del todo porque se trata de un fenómeno, como diría Nietzsche, «humano, demasiado humano», pero sí se puede gestionar y limitar sus desastrosas consecuencias.

5. Los antídotos contra la estupidez estratégica

Si retomamos la analogía con un virus que se propaga de modo inexorable en caso de que no se inmunice a la mayoría de la población, es evidente que, puesto que la estupidez estratégica no se transmite por una infección biológica sino que se desarrolla a través de la educación, la experiencia y la consiguiente estructuración de mecanismos mentales rígidos, que conducen a pautas de comportamiento igualmente obtusas, su antídoto consiste en correctivos que hay que aplicar a los procesos de interacción entre el individuo y la realidad que este construye de manera incesante y luego experimenta. Esto quiere decir, en primer lugar, que es necesario intervenir en el «cómo» se vuelve uno artífice de aquello de lo que luego será víctima, y no en el «porqué», ya que eso nos proporcionaría explicaciones justificativas o culpabilizadoras, que ayudan muy poco a la solución (Watzlawick *et al.,* 1974; Nardone y Watzlawick, 1990). Una observación pragmática de cómo nuestra mente construye esquemas de percepción y de acción, que se vuelven tan rígidos que nos hacen obtusos e incapaces de corregirnos incluso ante a la evidencia del error y de la disfuncionalidad de nuestra actuación, puede permitirnos desarrollar modalidades correctivas eficaces (Nardone,

1998, 2013). Este es el camino que nos señala la sabiduría estratégica desde tiempos remotos, pero que, precisamente a causa de los mecanismos mentales antiestratégicos, es ignorada incluso por la ciencia. Piénsese solo que en las últimas décadas ha dominado de nuevo en muchas disciplinas científicas la idea del «conocimiento objetivo», que precisamente la evolución de la ciencia había demostrado que es imposible e ilusorio (Gödel, 1931; Heisenberg, 1927; Einstein, 1922; Bateson, 1972; Nardone y Milanese, 2018). Este es el primer argumento por el que la estupidez estratégica, más que un virus, es lo que la medicina moderna llama una «enfermedad autoinmune», esto es, una patología producida por el mismo organismo y no por un agente externo. En otras palabras: los seres humanos buscan «verdades tranquilizadoras» para escapar de su natural angustia existencial (Binswanger, 1963; Sartre, 1938) y para lograrlo están dispuestos a cualquier autoengaño. Desde esta perspectiva, la autocrítica, la flexibilidad mental y la consideración de las cosas desde distintos puntos de vista resultan actos peligrosos y espantosos, mientras que mantenerse inflexibles en «presuntas verdades» protege y tranquiliza. En definitiva, las indicaciones de la sabiduría chocan con la necesidad de seguridad existencial y la mayoría de las veces salen perdiendo. Es incluso demasiado evidente que el mejor antídoto contra la estupidez estratégica consiste en el cultivo de la flexibilidad mental, el equilibrio como capacidad de orientarse entre los distintos puntos de vista sin encastillarse en una postura, aprender de los errores corrigiendo las propias formas de actuar disfuncionales. Sin embargo, dicho planteamiento choca con tres características fundamentales de nuestro ser: una biológica, una existencial y una psicológico-experiencial.

La existencial, como ya hemos dicho, consiste en la necesidad de obtener seguridad respecto de nuestra existencia, que está a merced del azar y bajo la amenaza constante de la muerte, ante la cual somos capaces de los más sublimes autoengaños, esto es, tomar por verdaderas, porque son tranquilizadoras, afirmaciones que sabemos que son falsas, pero que a base de repetirlas las consideramos así (Pascal, 1670; Elster, 1979; Watzlawick y Nardone, 1997). Actuamos «como si» fuesen verdaderas hasta que llegamos a convencernos de ello.

La característica biológica que choca con la sabiduría y la sensatez es el hecho de que, como la psicología y la neurociencia nos muestran con claras evidencias, nuestro cerebro construye circuitos sinápticos específicos para patrones funcionales de respuesta a estímulos repetidos; estos circuitos, por economía funcional y por eficacia adaptativa, se estructuran y tienden a repetirse ante las mismas circunstancias que los activan (Nardone, 2017). Esto significa que de modo natural nos enquistamos en nuestras modalidades adaptativas eficaces, es decir, repetimos lo que ha funcionado para determinadas formas de estímulos, lo que implica también que, una vez que se han automatizado estas modalidades, nos resulte difícil cambiarlas incluso cuando no funcionan, porque nuestro cerebro sigue utilizándolas debido a su anterior y comprobada eficacia (Nardone, 2013). Esta es la homeostasis de los sistemas vivos (Bernard, 1865; Shannon y Weaver, 1949) que, cuando se ha constituido un equilibrio funcional, tienden a mantenerlo, es decir, se resisten a cambiarlo.

La tercera característica, más psicológica, es la dinámica por la que los impulsos emocionales inhiben las capacidades cognitivas e influyen mucho en la actuación del individuo, sobre todo cuando contrastan con la evidencia de los hechos que no nos gustan. Esa influencia nos puede empujar a hacer incluso lo que consideramos más equivocado si no somos capaces de gestionar nuestras emociones primarias, esto es, el miedo, el placer, el dolor y la rabia (Nardone, 2019). Si se tiene en cuenta que la gran mayoría de las personas no es capaz de realizar ese control porque requiere habilidades acrobáticas adquiridas mediante un ejercicio repetido y bien dirigido, es evidente que dicha mayoría se siente abrumada por las emociones incontroladas.

Teniendo en cuenta todo esto, debería resultar evidente que la receta milagrosa —el antídoto o la solución para la extendida estupidez estratégica— la conocemos bien desde hace siglos. El problema es su aplicación, realmente difícil y peligrosa. Por ejemplo, Karl Popper (1945), que se ocupó de esta cuestión con su «falsacionismo epistemológico», esto es, el principio por el que solo se consideran válidas las teorías que pueden ser falsadas, apunta una vía de salida de la cerrazón y de la rigidez mental. Este método, que sería un antídoto real para nuestra enfermedad autoinmune, resulta muy poco aplicable a los contextos no científicos e incluso en los científicos existen reticencias a su aceptación. Es como decir que la epistemología del falsacionismo halla su falsación en la aplicación a la realidad cotidiana. Igualmente, resulta difícil aplicar a gran escala el ya mencionado constructivismo de von Foerster y von Glasersfeld, que apunta como antídoto el esfuerzo continuo por parte del individuo de mirar las cosas desde varios puntos de vista sin obstinarse en uno solo. Piénsese en el cada vez más extendido recurso a los algoritmos matemáticos, que reducen el esfuerzo mental en los procesos de decisión, pero que, con la ilusión del cálculo perfecto, entontecen al ser humano tanto como las creencias esotéricas.

En la misma línea, la sabiduría oriental, tanto taoísta como budista, nos enseña que flexibilizar y hacer más dúctil nuestra mente, habituándola a percibir la realidad desde perspectivas inusuales, y desconfiar además de nuestras rígidas convicciones es la vía de la liberación del individuo. Pero incluso esa tradición secular choca, más allá de los fáciles exotismos observables a menudo en quien desea hacer gala de una sabiduría que no posee, con su aplicación, que está reservada a unos pocos porque implica una disciplina mental y conductual prolongada y rigurosa. Hasta el cristianismo advierte contra la cerrazón irritante, hasta el punto de que el mismo Jesucristo, como nos recuerda Gianfranco Ravasi (2020), «no soportaba a los estúpidos instruidos: están llenos de ideas copiadas de las que en realidad no entienden nada». Sin embargo, muchos han convertido su mensaje en dogma al transformarlo en fuente de verdad indiscutible (Odifreddi, 2016), haciéndole realmente un flaco favor. Desde una perspectiva de lógica estratégica (Nardone y Watzlawick, 1990, 2005), podría afirmarse hoy, con una buena dosis de ilusión, que si las personas se habituaran a no obstinarse nunca en sus «soluciones intentadas» funcionales y disfuncionales la estupidez estratégica sería eliminada. Es evidente que si un individuo se convirtiera en un hábil *problem solver,* un comunicador estratégico (Nardone, 2009) y un acrobático jinete de su propio «tigre interior» (Nardone, 2003), capaz de gestionar sus emociones primarias, además de los procesos de decisión y las relaciones con los demás, le resultaría fácil no caer en la estupidez, pero todo esto

73

requiere un ejercicio continuado y no solo un buen aprendizaje: requiere todas las características virtuosas descritas anteriormente como «antídotos», sumadas a una capacidad para hacer frente a la fatiga, a la frustración dolorosa y a sufrimientos emocionales de los que la mayoría de los seres humanos busca constantemente huir. Estar dispuesto a ir más allá de uno mismo (Nardone y Bartoli, 2019) con sangre, sudor y lágrimas no está al alcance de todos; en realidad, solo de unos pocos. Por lo tanto, hay que concluir que existen remedios para la estupidez estratégica de eficacia probada, pero su aplicación exige grandes sacrificios: vigilancia constante para evitar las trampas que nuestra propia naturaleza coloca en nuestro camino, ejercicio perseverante de flexibilidad mental y adopción de varios y distintos puntos de vista, gestión de la angustia existencial evitando refugiarse en verdades protectoras, capacidad de ser humildes, comprensivos y empáticos frente al otro, control de los propios movimientos interiores, espíritu de abnegación y renuncia a las ventajas personales en beneficio de las comunes. Es necesario, por último, cultivar la amabilidad y el valor, como nos invita a hacer Gianrico Carofiglio (2020), con el que comparto el espíritu de las artes marciales, que practico desde hace muchos años. Esa autodisciplina es una empresa que solo está al alcance de una reducida minoría de seres humanos.

Estas consideraciones podrían parecer la amarga conclusión de un escéptico, pero, en realidad, lo que pretendo es lanzar una especie de desafío al lector y no proponerme como el enésimo pregonero que vende recetas de autoeficacia y felicidad. Los métodos para incrementar la probabilidad de incurrir lo menos posible en episodios de estupidez estratégica y, sobre todo, para evitar su persistencia rígida son numerosos y diferentes según las distintas culturas y tradiciones; sin embargo, todos tienen en común el cultivo de las virtudes que les son antagónicas y que en estas páginas hemos intentado ilustrar. *A nadie le está vetada la posibilidad de adquirir con el tiempo estas capacidades;* todo depende de la voluntad y determinación del individuo para someterse a un duro trabajo sobre sí mismo y de ser consciente de que, incluso tras haber construido la habilidad necesaria, la lucha contra las trampas y las emboscadas de nuestra naturaleza y de nuestra vida no tendrá tregua ni fin. No hay que olvidar nunca que en cualquier caso somos artífices de nuestro destino y que, como nos recuerda Ortega y Gasset (1982), «estamos condenados a ser libres de elegir».

6. Apología del asombro

«Lo asombroso lo es en función de los límites de nuestro conocimiento». Con esta aguda reflexión, William James (1890) nos señala que lo que nos asombra, nos sorprende o nos maravilla tiene que ver con todo lo que hemos conocido y, sobre todo, con lo que todavía no conocemos. Por otra parte, la sorpresa es una de las primeras percepciones-emociones que permite al niño explorar y conocer el mundo. Por tanto, no debería resultar extraño considerar este tipo de experiencia un don, un recurso y no un límite de nuestras capacidades. Sin embargo, grandes filósofos y famosos estudiosos han visto en ella un peligro para la razón y para el desarrollo de una racionalidad fruto de una lógica cristalina. La etimología del término «estupidez», como la de muchas otras palabras de nuestra lengua, nos descubre un significado ambivalente: por un lado, el de cerrazón irritante y persistente; por el otro, el de asombro que encanta y suscita admiración. No obstante, el uso común también atribuye a la segunda acepción un valor despreciativo: el bendito se queda fascinado ante algo sorprendente, el que tiene escaso entendimiento se maravilla ante las cosas. Pero si así fuera, ¿qué decir de Newton y de la sorpresa de la manzana que cayó sobre su cabeza; de Einstein, que afirmaba que estar siempre dispuesto al asombro le había permitido descubrir la relatividad; de Heisenberg, que en la fría isla de Helgoland, rodeado de viento y de hielo, inventó la mecánica cuántica, y antes que ellos Arquímedes, que durante sus placenteras abluciones aromáticas encontraba nuevas soluciones a problemas no resueltos? Todos ellos grandes científicos que, precisamente gracias a un momento de maravilla, hicieron descubrimientos que cambiaron la vida de los seres humanos. De nuevo nos ilumina James cuando afirma que «el genio no es más que la capacidad de percibir la realidad desde perspectivas poco comunes». De modo que para ser geniales habría que cultivar la capacidad de asombrarse, de dejarse llevar por la maravilla de percepciones sorprendentes. Y esto no solo es válido para la ciencia; basta pensar en el arte y en su historia, en sus grandes protagonistas que han cultivado el don de la maravilla y del asombro. Resulta, pues, estratégicamente estúpido considerar esta actitud como una forma de estupidez que limita la razón. Solo puede considerarlo así el que ve la razón y su derivada lógica más notable, la racionalidad, como el resultado de un frío distanciamiento de las cosas que permite un análisis no influido por emociones y sentimientos. Ahora bien, quien piensa así subestima el hecho de que ningún ser humano puede ocultar sus emociones y sobrevalora el poder de la conciencia, que la moderna neurociencia ha reducido al 20% aproximadamente de nuestras capacidades adaptativas y de gestión de la realidad (Koch, 2012; Gazzaniga, 1998; Kahneman, 2011; Thaler y Sunstein, 2008). Hoy sabemos que la función de las emociones primarias es permitir respuestas adaptativas a los estímulos externos e internos al organismo, una extraordinaria «competencia sin comprensión», como la define Dennett (2017), que ningún robot o algoritmo matemático consigue replicar, porque permite reconocer la señal percibida y reaccionar con precisión en milésimas de segundo modulando la reacción y readaptándola en virtud de la dinámica interactiva que se pone en funcionamiento. Todo esto demuestra que la sorpresa y el asombro son dinámicas perceptivo-emocionales fundamentales, que garantizan la constante capacidad de adaptación a la realidad y el descubrimiento de puntos de vista nuevos que dan lugar a respuestas innovadoras. Lao Tse, en su monumental obra *Tratado del camino y su virtud,* afirma: «Grande es aquel que no ha perdido el niño que lleva dentro». Con esta y otras esclarecedoras observaciones nos señala la importancia de mirar el mundo con los ojos y la curiosidad de los pequeños, que se asombran al descubrir las cosas, su funcionamiento y su belleza. El candor y la ingenuidad les permiten ver cosas que la mirada analítica y viciada de la conciencia no permite captar, como, por ejemplo, los trucos de un prestidigitador. El asombro, sobre todo, mantiene la mente flexible y abierta a los descubrimientos; puede considerarse como un estado alterado de la conciencia que abre la mente a la percepción de perspectivas distintas a las que el individuo está acostumbrado a experimentar. Es, por tanto, una habilidad que hay que mantener y cultivar como la antagonista de la rigidez mental típica de la estupidez. Como bien lo define Galimberti en su *Diccionario de psicología* (2018): «El asombro es la emoción experimentada por el individuo que, en cierto sentido, lo desplaza, apartándolo de sus convicciones habituales y favoreciendo la multiplicación de los puntos de vista que desestructuran la rigidez de los propios pensamientos y actitudes». En este sentido, se ven como fuente de sano asombro las palabras del cardenal

Ravasi, quien citando a G. K. Chesterton nos recuerda: «El mundo no perecerá por falta de maravillas, sino por falta de maravilla», es decir, por la incapacidad para contemplar y asombrarse.

Epílogo

«No hay nada nuevo bajo este cielo salvo lo olvidado». Con este brillante aforismo Santayana (1940) nos recuerda la necesidad fundamental de la humildad para no caer en la estúpida ilusión de haber creado algo único. En el sentido de esta máxima, me parece indispensable concluir esta exposición citando a quien, hace más de seis siglos, ya anticipó agudamente gran parte de lo que yo he escrito. Erasmo, en su *Elogio de la locura* (1511), tras una primera parte dedicada a un tratado paradójico de la locura como componente esencial de la existencia humana, analiza lo que denomina «suma locura», esto es, la estupidez descrita en términos no muy distintos de los que yo he usado para definir la «estupidez estratégica» basándome en sus desastrosos efectos. Erasmo parte de lo que llama *philautía,* que encuentra sobre todo en los nobles, esto es, el «dulce amor propio» por el que se atribuyen dotes que ni remotamente poseen y consideran que tienen derecho a todo, y ofrece numerosas parodias que representan las distintas tipologías. Después observa que esta disposición egocéntrica se expresa plenamente en los artistas que, cuanto más ignorantes, más se complacen en sí mismos, se glorifican y se jactan. A continuación, describe a los filósofos que afirman ser los únicos sabios; todos los demás son para ellos sombras volantes, pero en realidad no saben nada y la suya es una «deliciosa forma de locura», como demuestra la interminable discusión sobre la explicación de cada fenómeno. El antiguo agustino, que abandonó la enseñanza para viajar y conocer al hombre y las distintas culturas, y es reconocido como uno de los fundadores del humanismo cristiano, enumera también otras figuras afectadas por la «suma locura» de la estupidez, como el teólogo dogmático y el político arrogante e incompetente, y ofrece numerosos ejemplos tan irónicos como eficaces. El gran humanista ya había descrito ese tipo concreto de irritante cerrazón, egocentrismo radical, exaltación de sí mismo y sublime autoengaño al afirmar que «nada es más miserable que la estupidez» de este tipo. Erasmo, hay que recordarlo, no era un provocador autor de libelos, sino un erudito maestro de pensamiento y retórica, además de un excelente gestor de su obra y de su pensamiento; téngase en cuenta que sus *Adagios,* libro que contiene perlas de sabiduría en forma de máximas y aforismos, publicado en 1500, fue el primer producto editorial propiamente dicho, impreso y distribuido a gran escala. En definitiva, un buen modelo para imitar. Con esta referencia quiero terminar este breve ensayo. Ser buenos modelos de comportamiento, guiados por una «sabiduría basada en la evidencia» de la eficacia (Robson, 2020; Nardone, 2003, 2019; Nardone y Milanese, 2018), cultivando constantemente la flexibilidad mental y la relación compasiva con los demás, es lo que puede establecer la diferencia entre ser estúpidos y no serlo no solo para el propio individuo, sino también para la sociedad, porque los «buenos modelos», que además son los únicos Maestros verdaderos, irradian luz sobre su entorno como las estrellas más luminosas. Su ejemplo representa, desde mi humilde punto de vista, quizá la única estrategia eficaz contra la tan extendida estupidez estratégica, como nos exhorta Gandhi (1983): «Si quieres cambiar el mundo, empieza por mejorarte a ti mismo».

Bibliografía

ANDREOLI, V., *Homo stupidus stupidus. L'agonia di una civiltà,* Milán, Rizzoli, 2018.

BATESON, G., *Steps to an Ecology of Mind,* Nueva York, Ballantine Books, 1972 [trad. cast.: *Pasos hacia una ecología de la mente,* trad. de Ramón Alcalde, Buenos Aires, Lohlé-Lumen, 1991].

BERNARD, C., *Introduction à l'étude de la médecine expérimentale,* París, Baillière, 1865 [trad. cast.: *Introducción al estudio de la medicina experimental,* trad. de Antonio Espina, Barcelona, Crítica, 2005].

BINSWANGER, L., *Being in the World,* Nueva York, Basic Books, 1963.

CAROFIGLIO, G., *Della gentilezza e del coraggio. Breviario di politica e altre cose,* Milán, Feltrinelli, 2020.

CASSOLA, C., *L'uomo e il cane,* Milán, Rizzoli, 1977 [trad. cast.: *El hombre y el perro,* trad. de Carí Sanz Barberá, Barcelona, Dopesa, 1978].

CICERÓN, M. T., *Sobre el orador,* trad. de José Javier Iso, Madrid, Biblioteca Clásica Gredos, 2002, 2015.

CIORAN, E. M., *Pe culmile disperării,* Bucarest, Editura Fundația pentru Literatură și Artă, 1934 [trad. cast.: *En las cimas de la desesperación,* trad. de Rafael Panizo, Barcelona, Tusquets, 2020].

—, *Syllogismes de l'amertume,* París, Gallimard, 1952 [trad. cast.: *Silogismos de la amargura,* trad. de Rafael Panizo, Barcelona, Tusquets, 1990].

CIPOLLA, C. M., *The Basic Laws of Human Stupidity,* Bolonia, Il Mulino, 2011 [trad. cast.: *Las leyes fundamentales de la estupidez humana,* trad. de Maria Pons, Barcelona, Crítica, 2013].

CONDILLAC, É. B. de (1951), *Œuvres philosophiques de Condillac,* 3 vols., París, Presses Universitaires de France.

DA VINCI, L., *I pensieri,* Florencia, Giunti-Marzocco, 1977 [trad. cast.: *Alegorías, pensamientos, profecías,* trad. de Elena Martínez, Madrid, Gadir, 2014].

DENG MING-DAO, *La via del saggio. Lo spirito del tao nella vita di ogni giorno,* Parma, Guanda, 1999.

DENNET, D. C., *From Bacteria to Bach and Back: The Evolution of Minds,* Nueva York, W. W. Norton & Co., 2017 [trad. cast.: *De las bacterias a Bach,* trad. de Mark Figueras, Barcelona, Pasado y Presente, 2017].

DESCARTES, R., *Discours de la méthode pour bien conduire sa raison, et chercher la vérité dans les sciences. Plus la Dioptrique. Les Météores. Et la Géométrie. Qui sont des essais de cette Méthode, de l'Imprimerie de Ian Maire,* Leiden, 1637 [trad. cast.: *Discurso del método,* trad. de Risieri Frondizi, Madrid, Alianza Editorial, 2011].

EINSTEIN, A., *The Meaning of Relativity,* Princeton, Princeton University Press, 1922 [trad. cast.: *El significado de la relatividad,* Madrid, Espasa, 2005].

ELSTER, J., *Logic and Society: Contradictions and Possible Worlds,* Chichester y Nueva York, John Wiley & Sons, 1978 [trad. cast.: *Lógica y Sociedad. Contradicciones y mundos posibles,* trad. de Margarita N. Mizraji, Barcelona, Gedisa, 2009].

—, *Ulysses and the Sirens: Studies in Rationality and Irratio-nality*, Cambridge, Cambridge University Press, 1979 [trad. cast.: *Ulises y las sirenas: estudios sobre racionali-dad e irracionalidad*, trad. de Juan José Utrilla, Ciudad de México, Fondo de Cultura Económica, 2003].

ERASMO DE ROTTERDAM, *Adagia*, 1500 [trad. cast.: *Ada-gios del poder y de la guerra. Teoría del adagio*, trad. de Ramón Puig de la Bellacasa, Madrid, Alianza Editorial, 2008].

—, *Moriae encomium*, Basilea, Kupferstichkabinett, 1511 [trad. cast.: *Elogio de la locura*, trad. de Pedro Rodrí-guez Santidrián, Madrid, Alianza Editorial, 1993].

FESTINGER, L., *A Theory of Cognitive Dissonance*, Stanford, Stanford University Press, 1957.

FOERSTER, H. VON, «On Constructing a Reality», en W. F. E. Preiser (ed.), *Environmental Design Research*, vol. 2, Stroudsburg, Dowden, Hutchinson & Ross, 1973 pp. 35-46 [trad. cast.: «Construyendo una realidad», en P. Watzlawick, *La realidad inventada*, Barcelona, Gedisa, 1995].

FRANKLIN, B., en D. Robson, *The Intelligence Trap: Re-volutionise your Thinking and Make Wiser Decisions*, Londres, Hodder & Stoughton, 2020 [trad. cast.: *La trampa de la inteligencia. Por qué la gente inteligente hace tonterías y cómo evitarlo*, trad. de Fernando Bo-rrajo, Barcelona, Paidós Ibérica, 2019].

FREUD, A., *Das Ich und Abwehrmechanismen*, Viena, Inter-nationaler Psychoanalytischer Verlag, 1936 [trad. cast.: *El Yo y los mecanismos de defensa*, trad. de Y. P. Cárcamo y C. E. Cárcamo, Buenos Aires, Paidós, 1954].

FREUD, S., «Zur Psychopathologie des Alltagslebens», en *Monatsschrift für Psychiatrie und Neurologie*, 1901 [trad. cast.: *Psicopatología de la vida cotidiana,* en *Obras completas,* vol. I, trad. de Luis López Ballesteros, Madrid, Biblioteca Nueva, 1967].

FROMM, E., *To Have or to Be?,* Nueva York, Harper & Row, 1976 [trad. cast.: *Del tener al ser,* trad. de Eloy Fuente Herrero, Barcelona, Paidós Ibérica, 2013].

GALIMBERTI, U., *L'uomo nell'età della tecnica,* Milán, AlboVersorio, 2011.

—, *Nuovo dizionario di psicologia. Psichiatria, psicoanalisi, neuroscienze,* Milán, Feltrinelli, 2018 [trad. cast.: *Diccionario de psicología,* Ciudad de México, Siglo XXI, 2002].

GANDHI, M. K. (1983), *Pensamientos escogidos,* Buenos Aires, Emecé.

GAZZANIGA, M. S., *The mind's past,* Berkeley-Los Ángeles, University of California Press, 1998 [trad. cast.: *El pasado de la mente,* trad. de Pierre Jacomet, Barcelona, Andrés Bello, 1998].

GLASERSFELD, E. VON (1995), *Radical Constructivism. A Way of Knowing and Learning,* Londres-Washington, The Falmer Press [trad. cast.: «Aspectos del constructivismo radical», en M. Pakman (ed.), *Construcciones de la experiencia humana,* Barcelona, Gedisa, 1996].

GÖDEL, K., «Über formal unentscheidbare Sätze der "Principia Mathematica" und verwandter Systeme I», *Monatshefte für Mathematik und Physik* 38 (1931), pp. 173-198 [trad. cast.: *Sobre proposiciones formalmente indecidibles de los Principia Mathematica y sistemas afines,* trad. de Manuel Garrido, Alfonso García Suárez y Luis Manuel Valdés Villanueva, Oviedo, KrK Ediciones, 2006].

HEISENBERG, W., «Über den anschaulichen Inhalt der quantentheoretischen Kinematik und Mechanik», *Zeitschrift für Physik* 43 (1927), pp. 172-198 [trad. cast.: «Sobre el contenido descriptivo de la cinemática y la mecánica teórico cuántica», *Z. Phys* 43, pp. 172-198].

HIPÓCRATES, *Sur le rire et la folie,* trad. de Yves Hersant, París, Payot et Rivages, 1991.

—, *Tratados hipocráticos,* trad. de María del Águila Hermosín, Madrid, Alianza Editorial, 1996.

HUXLEY, A., *The Art of Seeing,* Nueva York, Harper & Brothers, 1942 [trad. cast.: *El arte de ver,* trad. de Felipe Jiménez de Asúa, Buenos Aires, Pleamar, 1962].

JAMES, W., *Principles of Psychology,* Nueva York, Henry Holt & Co., 1890 [trad. cast.: *Principios de psicología,* trad. de Agustín Bárcena, Ciudad de México, Fondo de Cultura Económica, 1994].

KAHNEMAN, D., *Thinking, fast and slow,* Londres, Penguin Books, 2011 [trad. cast.: *Pensar rápido, pensar despacio,* trad. de Joaquín Chamorro, Barcelona, Debate, 2012].

KANT, I., *Kritik der praktischen Vernunft,* Riga, Johann Friedrich Hartknoch, 1788 [trad. cast.: *Crítica de la razón práctica,* trad. de J. Rovira Armengol, Buenos Aires, Losada, 2007].

KING JR., M. L., *The Measure of a Man,* Filadelfia, The Christian Education Press, 1959.

KOCH, C., *Consciousness: Confessions of a Romantic Reductionist,* Cambridge, The MIT Press, 2012.

KRAUS, K., *Sprüche und Widersprüche. Aphorismen,* Múnich, Kösel-Verlag K. G., 1909 [trad. cast.: *Dichos y contradichos,* trad. de Adan Kovacsics, Barcelona, Minúscula, 2003].

LAO TSE [1973], *Tao Tê Ching. Tratado del camino y su virtud,* Madrid, Ediciones Cumbres, 2015.

LEDOUX, J. E., *Synaptic Self: How Our Brains become Who We Are,* Nueva York, Viking, 2002.

LICHTENBERG, G. C., *Libretto di consolazione,* trad. de A. Fabbio, Milán, Rizzoli, 1981.

LINGIARDI, V., *Arcipelago N. Variazioni sul narcisismo,* Turín, Einaudi, 2021.

MAQUIAVELO, N., *Il Principe,* texto original con la versión en italiano actual de Piero Melograni, Milán, BUR Rizzoli, 1991 [trad. cast.: *El príncipe,* trad. de Miguel Ángel Granada Martínez, Madrid, Alianza Editorial, 2010].

MARMION, J.-F. (ed.), *Psychologie de la connerie,* Auxerre Cedex, Sciences Humaines Éditions, 2018 [trad. cast.: *El triunfo de la estupidez,* Ciudad de México, Planeta, 2020].

MORIN, E., «Intervista», en J.-F. Marmion (ed.), *Psicologia della stupidità,* Palermo, Nuova Ipsa, 2020.

MUSIL, R., *Über die Dummheit,* Viena, Bermann-Fischer Verlag, 1937 [trad. cast.: *Sobre la estupidez,* trad. de Yolanda Steffens, Madrid, Abada, 2007].

NARDONE, G., *Psicosoluzioni. Come risolvere rapidamente complicati problemi umani,* Milán, BUR Rizzoli, 1998 [trad. cast.: *Psicosoluciones,* trad. de Juliana González, Barcelona, Herder, 2010].

—, *Cavalcare la propria tigre,* Milán, Ponte alle Grazie, 2003 [trad. cast.: *El arte de la estratagema,* trad. de Maria Pons Irazazábal, Barcelona, Herder, 2013].

—, *Problem solving strategico da tasca. L'arte di trovare soluzioni a problemi irrisolvibili,* Milán, Ponte alle Grazie, 2009 [trad. cast.: *Problem solving estratégico. El arte de encontrar soluciones a problemas irresolubles,* trad. de Maria Pons Irazazábal, Barcelona, Herder, 2010].

—, *Gli errori delle donne (in amore). L'inganno dei copioni sentimentali,* Milán, Ponte alle Grazie, 2010 [trad. cast.: *Los errores de las mujeres en el amor,* trad. de Paula Caballero Sánchez y Carmen Torres García, Barcelona, Paidós, 2011].

—, *Psicotrappole ovvero le sofferenze che ci costruiamo da soli: imparare a riconoscerle e a combatterle,* Milán, Ponte alle Grazie, 2013 [trad. cast.: *Psicotrampas. Identifica las trampas psicológicas que te amargan la vida y encuentra las psicosoluciones para vivir mejor,* trad. de Carmen Torres García y Teresa Lanero Ladrón de Guevara, Barcelona, Paidós, 2014].

—, *L'arte di mentire a se stessi e agli altri,* Milán, Ponte alle Grazie, 2014 [trad. cast.: *El arte de mentirse a sí mismo y de mentir a los demás,* trad. de Antoni Martínez Riu, Barcelona, Herder, 2016].

—, *La nobile arte della persuasione. La magia delle parole e dei gesti,* Milán, Ponte alle Grazie, 2015.

—, *Sette argomenti essenziali per conoscere l'uomo,* Milán, Ponte alle Grazie, 2017 [trad. cast.: *Siete cuestiones esenciales para conocer al ser humano,* trad. de Juan Carlos Gentile, Barcelona, Plataforma Editorial, 2018].

—, *Emozioni: istruzioni per l'uso,* Milán, Ponte alle Grazie, 2019 [trad. cast.: *Emociones. Instrucciones de uso,* trad. de Antoni Martínez Riu, Barcelona, Herder, 2020].

— y Bartoli, S., *Oltre se stessi. Scienza e arte della performance,* Milán, Ponte alle Grazie, 2019 [trad. cast.: *Más allá de uno mismo. La ciencia y el arte de la performance,* trad. de Maria Pons Irazazábal, Barcelona, Herder, 2019].

— y Cagnoni, F., *Perversioni in rete. Le psicopatologie da internet e il loro trattamento,* Milán, Ponte alle Grazie, 2002 [trad. cast.: *Perversiones en la red. Las patologías de Internet y su tratamiento,* trad. de Jordi Bargalló, Barcelona, RBA, 2003].

— y Milanese, R., *Il cambiamento strategico: come far cambiare alle persone il loro sentire e il loro agire,* Milán, Ponte alle Grazie, 2018 [trad. cast.: *El cambio estratégico. Cómo hacer que las personas cambien su forma de sentir y de actuar,* trad. de Maria Pons Irazazábal, Barcelona, Herder, 2019].

— y Salvini, A., *Il dialogo strategico. Comunicare persuadendo: tecniche evolute per il cambiamento,* Milán, Ponte alle Grazie, 2014 [trad. cast.: *El diálogo estratégico. Comunicar persuadiendo. Técnicas para conseguir el cambio,* trad. de Jordi Bargalló, Barcelona, Herder, 2011].

— y Tani, S., *Psicoeconomia, Gestire fallimenti, realizzare successi,* Milán, Garzanti, 2018.

— y Watzlawick, P., *L'arte del cambiamento. Manuale di terapia strategica e ipnoterapia senza trance* (después *L'arte del cambiamento. La soluzione dei problemi psicologici personali e interpersonali in tempi brevi*), Milán, Ponte alle Grazie, 1990 [trad. cast.: *El arte del cambio. Trastornos fóbicos y obsesivos,* trad. de Antoni Martínez Riu, Barcelona, Herder, 2012].

— y —, *Brief Strategic Therapy: Philosophy, Techniques and Research,* Washington, D.C., Rowman & Littlefield Publishers, 2005.

Neumann, J. von y Morgenstern, O., *Theory of Games and Economic Behavior,* Princeton, Princeton University Press, 1944.

NIETZSCHE, F., *Die fröhliche Wissenschaft*, Chemnitz, Verlag von Ernst Schmeitzner, 1882 [trad. cast.: *La gaya ciencia*, trad. de Juan Luis Vermal, Madrid, Tecnos, 2016].

ODIFREDDI, P., *Dizionario della stupidità. Fenomenologia del nonsenso della vita*, Milán, Rizzoli, 2016 [trad. cast.: *Diccionario de la estupidez*, trad. de Elena Martínez Nuño, Barcelona, Malpaso Ediciones, 2017].

ORTEGA Y GASSET, J., *Meditación de la técnica y otros ensayos sobre ciencia y filosofía*, Madrid, Revista de Occidente en Alianza Editorial, 1982.

PALLANTI, S. *et al.*, «Incompleteness and Harm Avoidance in OCD», en C. Pittenger (ed.), *Obsessive-Compulsive Disorder. Phenomenology, Pathophysiology, and Treatment*, Oxford, Oxford University Press, 2017.

PASCAL, B., *Pensées*, París, Guillaume Desprez, 1670 [trad. cast.: *Pensamientos*, trad. de Gabriel Albiac, Madrid, Tecnos, 2018].

POPPER, K. R., *Logik der Forschung*, Viena, Springer, 1935 [trad. cast.: *La lógica de la investigación científica*, trad. de Víctor Sánchez de Zavala, Madrid, Tecnos, 2008].

—, *The Open Society and its Enemies*, Abingdon on Thames, Routledge, 1945 [trad. cast.: *La sociedad abierta y sus enemigos*, trad. de Eduardo Loedel Rodríguez, Barcelona, Paidós Ibérica, 2010].

—, *Conjectures and Refutations. The Growth of Scientific Knowledge*, Londres, Routledge & Kegan Paul, 1963 [trad. cast.: *Conjeturas y refutaciones. El desarrollo del conocimiento científico*, trad. de Néstor Míguez Barrera, Barcelona, Paidós Ibérica, 1983].

—, en V.V. A.A., *Filosofia e pedagogia dalle origini a oggi*, vol. 3, p. 615, Brescia, La Scuola, 1986.

Ravasi, G., *Scolpire l'anima. 366 meditazioni quotidiane,* Milán, Mondadori, 2020.

Robson, D., *The Intelligence Trap: Revolutionise your Thinking and Make Wiser Decisions,* Londres, Hodder & Stoughton, 2020 [trad. cast.: *La trampa de la inteligencia. Por qué la gente inteligente hace tonterías y cómo evitarlo,* trad. de Fernando Borrajo, Barcelona, Paidós Ibérica, 2019].

Rovelli, C., *Helgoland,* Milán, Adelphi, 2020 [trad. cast.: *Helgoland,* trad. de Pilar González Rodríguez, Barcelona, Anagrama, 2022].

Russell, B., *Dictionary of Mind, Matter & Morals,* Nueva York, Philosophical Library, 1952.

Santayana, G., «The Philosophy of Santayana», en V.V. A.A., *Library of Living Philosophers,* Evanston, The Northwestern University, 1940.

Sartre, J.-P., *La Nausée,* París, Gallimard, 1938 [trad. cast.: *La náusea,* trad. de Aurora Bernárdez, Madrid, Alianza Editorial, 2011].

Séneca, L. A., *Cartas a Lucilio,* ed. de Francisco Socas Gavilán, Madrid, Cátedra, 1974, 2018.

Shannon, C. E. y Weaver, W., *The Mathematical Theory of Communication,* Urbana, University of Illinois Press, 1949.

Skinner, B., *The Behavior of Organism: an Experimental Analysis,* Nueva York, Appleton-Century-Crofts, 1938 [trad. cast.: *La conducta de los organismos,* trad. de Lluís Flaquer i Vilardebò, Aba España, 2021].

Thaler, R. H y Sunstein, C. R., *Nudge: Improving Decisions about Health, Wealth and Happiness,* New Haven-Londres, Yale University Press, 2008 [trad. cast.: *Un pequeño empujón* (nudge). *El impulso que necesitas para tomar las mejores decisiones en salud, dinero y felicidad,* trad. de Belén Urrutia Domínguez, Madrid, Taurus, 2009].

VAIHINGER, H., *Die Philosophie des Als Ob,* Berlín, Reuther & Reichard, 1911.

VOLTAIRE, *Dictionnaire philosophique portatif,* Londres, 1764 [trad. cast.: *Diccionario filosófico,* trad. de José Areán Fernández y Luis Martínez Drake, Madrid, Akal, 2007].

WATZLAWICK, P., *How Real is Real? Confusion, Disinformation, Communication,* Nueva York, Random House, 1976 [trad. cast.: *¿Es real la realidad? Confusión, desinformación, comunicación,* trad. de Marciano Villanueva Salas, Barcelona, Herder, 2003].

— (ed.), *Die Erfundene Wirklichkeit,* Múnich, Piper, 1981 [trad. cast.: *La realidad inventada. Cómo sabemos lo que creemos saber,* trad. de Nélida M. de Machain, Barcelona, Gedisa, 2009].

— y NARDONE, G. (eds.), *Terapia breve strategica,* Milán, Raffaello Cortina, 1997 [trad. cast.: *Terapia breve estratégica,* trad. de Ramón Alfonso Díez Aragón, Barcelona, Paidós, 2000].

—; WEAKLAND, J. H. y FISH, R., *Change: Principles of Problem Formation and Problem Solution,* Nueva York, W. W. Norton & Co., 1974 [trad. cast.: *Cambio. Formación y solución de los problemas humanos,* trad. de Alfredo Guéra Miralles, Barcelona, Herder, 2012].

WITTGENSTEIN, L., «Logisch-Philosophische Abhandlung», en *Annalen der Naturphilosophie,* vol. 14, Leipzig, Reinhold Berger for Verlag Unesma G.m.b.H., 1921 [trad. cast.: *Tractatus logico-philosophicus,* trad. de Luis Manuel Valdés Villanueva, Madrid, Tecnos, 2017].